ADAC Reiseführer

Kykladen

Mykonos Paros Naxos

von Utta und Niklas Neander

Intro

Unterwegs

Kykladen Kaleidoskop

Karten und Pläne

Service

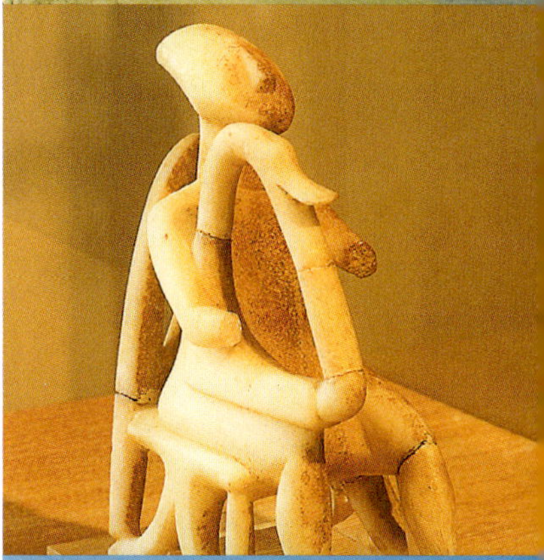

Leserforum

Die Meinung unserer Leserinnen und Leser ist wichtig, daher freuen wir uns von Ihnen zu hören. Wenn Ihnen dieser Reiseführer gefällt, wenn Sie Hinweise zu den Inhalten haben – Ergänzungs- und Verbesserungsvorschläge, Tipps und Korrekturen – dann kontaktieren Sie uns bitte:

Redaktion ADAC Reiseführer
ADAC Verlag GmbH
Am Westpark 8, 81365 München
Tel. 089/76 76 41 59
verlag@adac.de
www.adac.de/reisefuehrer

Kykladen – Impressionen

Perlen der Ägäis

Die Farben des Meeres haben die Griechen zu ihrer Nationalflagge gemacht: das Blau der Ägäis, in der sich der Himmel spiegelt, und das schäumende Weiß, das die Heckwellen der Schiffe ins große Blau zeichnen – diese Impressionen könnten Inspiration für die Gestaltung der **blauweißen Fahne** mit dem Kreuz gewesen sein, die den Staat am Mittelmeer repräsentiert.

Die Kreisinseln und die Verstreuten

Die **Kykladen** liegen südöstlich des griechischen Festlandes. Bereits in der Antike nannte man jene Inseln, die sich im Kreis um das **heilige Delos** gruppierten, also Andros, Mykonos, Naxos, Paros und Sifnos, die Kreisinseln (altgriech. *Kyklos* – Kreis). Die südlicheren Eilande, u. a. Santorini, Ios und Milos, wurden damals den **Sporaden**, den Verstreuten, zugerechnet. Heute werden rund 150 Inseln und Inselchen zu den Kykladen gezählt, Naxos ist mit 428 km^2 die Größte von ihnen. Von den zahlreichen Eilanden sind nur 24 bewohnt und auf den kleineren leben oft nur wenige hundert Menschen. Die geringen Entfernungen und die in den Sommermonaten – zumindest zwischen den größeren Inseln – recht guten Fährverbindungen machen das **Inselspringen** für Touristen zunehmend attraktiv. Warum also sich mit nur einer begnügen: Baden an den langen Stränden von **Mykonos**, Wandern zum Chosoviotissa-Kloster auf **Amorgos**, mit dem Boot die Caldera von **Santorini** durchqueren oder das Archäologische Museum der Chora von **Naxos** erkunden. Die Kykladen bieten mit ihren traumhaften Buchten und Stränden, der bergigen Landschaft, die sich mal wild zerklüftet, mal sanft hügelig zeigt, den malerischen weißen Dörfern, den Hunderten von abgeschiedenen Klöstern und Kirchen und den antiken Ausgrabungsstätten eine unglaubliche landschaftliche und kulturelle Vielfalt.

Strahlend weiße Wohnskulpturen

Neben den Stränden ist es vor allem die Kykladenarchitektur, die die Besucher so zahlreich auf die Inseln lockt, die **weißen Dörfer**, die auf Felsplateaus hoch über dem Meer himmelwärts streben. Aus der Ferne wirken die Häuserwürfel und über-

kuppelten Kirchen, die Torbögen und steilen Treppenwege wie riesige **Wohnskulpturen**. Auf den Kykladen hat man die Bedeutung dieser traditionellen Architektur längst erkannt. Bauordnungen wurden erlassen, um die städtebauliche Geschlossenheit der Dörfer zu wahren. Obwohl nicht immer und überall nach alter Tradition gebaut wird, halten sich moderne Bausünden im Umkreis der weißen Dörfer erfreulicherweise in Grenzen. Weitaus gravierender war in der Vergangenheit jedoch eine andere Entwicklung.

Oben: *Entspannter Ausflug: Ein Ritt zum Kraterrand von Thira auf Santorini bietet schöne Aussichten auf das Meer und die Caldera*

Unten links: *Aus der Ferne wirkt die von alten Windmühlen gerahmte Chora von Mykonos wie eine riesige, aus vielen weißen Würfeln zusammengesetzte Skulptur*

Unten: *Der Pilgerstrom reißt niemals ab – tagtäglich machen sich die Urlauber auf den Weg zum Marmortor von Naxos-Stadt, um den Sonnenuntergang zu beobachten*

Strukturwandel durch den Tourismus

Die Kykladen brauchen den Tourismus, doch wieviel davon können sie verkraften? Wer in den 1970er-Jahren den Archipel bereiste, suchte noch das **ursprüngliche Inselleben**, übernachtete in spartanischen Unterkünften oder gleich am Strand. Vieles hat sich seitdem geändert. Wer heute kommt, will auf Komfort nicht verzichten. Raue Erdstraßen wurden asphaltiert, Dörfer elektrifiziert, Hotels modernisiert und auf den größeren Inseln entstanden Flugplätze. Aufgrund weiterer Verbesserungen der **touristischen Infrastruktur** wächst der Kykladentourismus auch im neuen Jahrtausend.

Doch ist das **ökologische Gleichgewicht** schon seit längerer Zeit gefährdet. Auf den größtenteils kargen Inseln wird **Wassermangel** in den Sommermonaten durch die zahlreichen Urlauber zu einem ernsthaften Problem. Die wenigen landwirtschaftlich nutzbaren Flächen, blühende Weinberge, Olivenhaine, Obstgärten und Gemüsekulturen, müssen größtenteils künstlich bewässert werden. Auch aus anderen Gründen liegen immer mehr Felder brach, und der ehemals fruchtbare Boden versteppt: Es fehlt an Arbeitskräften in der **Landwirtschaft**, da vor allem die Jüngeren die besser bezahlte Beschäftigung in der Tourismusbranche vorziehen.

Jahrzehntelang wurden die Kykladen durch **Abwanderung** bedroht. Fischerei und Landwirtschaft allein boten vielen Familien keine ausreichende Existenzgrundlage mehr. Junge Leute verließen die Inseln scharenweise Richtung Festland. Deshalb war auch der Erhalt der Kykladenarchitektur gefährdet, denn waren die Häuser erst einmal verlassen, verfielen sie schnell. Dank des Tourismus sind die **Einwohnerzahlen** auf einigen Inseln in den letzten Jahren wieder gestiegen. Und solange die alte, traditionelle Bausubstanz, das ›Wohnen in Weiß‹, von Insulanern und Urlaubern geschätzt und gepflegt wird, bleiben diese idyllischen Kulissen erhalten.

Trotz des gewaltigen Anstiegs der Touristenzahlen in den letzten Jahrzehnten sind nur wenige Inseln, und auch dort nur wenige Ortschaften oder Strände, stark überlaufen. Noch immer findet man vielfach malerische Bergdörfer, einsame Badebuchten und gastfreundliche Bewohner.

Der Reiseführer

Dieser Band stellt die 25 wichtigsten und interessantesten Inseln der Kykladen in vier Kapiteln vor. Die geografische Einteilung des Archipels in Nord-, Ost-, Süd- und Westkykladen kommt nicht ohne eine bewusste Abgrenzung aus. Die Beschreibung der Inseln folgt einer möglichen Route von und nach Athen, die auch gut in Teilstücken zu bereisen ist. Das folgende **Insel-Telegramm** bietet einen ersten Einblick, **Übersichtskarten** und **Stadtpläne** erleichtern die Orientierung. Die **Top Tipps** geben Empfehlungen zu Hotels, Restaurants, Stränden, Wanderungen und Aussichtspunkten. Den Inseln sind **Praktische Hinweise** mit Tourismusbüros sowie Hotel- und Restaurantbeschreibungen angegliedert. **Kykladen aktuell A bis Z** bietet alphabetisch geordnet Informationen von der Anreise über Einkaufen, Essen und Trinken bis zu den Unterkünften. Hinzu kommt ein umfassender **Sprachführer**. Ein **Kaleidoskop** interessanter Kurzessays rundet den Reiseführer ab.

Links oben: *Gefährliche Liebschaften – Göttervater Zeus in Stiergestalt entführt Europa, römisches Mosaik aus dem Archäologischen Museum in Naxos-Stadt*

Links unten: *Kunstwerk der Natur – am Kolymbithres-Strand auf Paros ragen bizarre Steinpilze aus dem Wasser*

Oben: *Auf Tinos sind die Vogelhäuschen etwas groß geraten – die Italiener brachten die Taubenzucht auf die Kykladen und errichteten den Vögeln wahre Paläste*

Unten: *Venedig der Ägäis – das direkt am Meer gelegene Stadtviertel von Mykonos-Stadt heißt tatsächlich Venetia*

Insel-Telegramm

Die Insel der Giganten

Naxos [Nr. 8], die größte Insel der Kykladen, ist Heimat der Marmorriesen, überlebensgroßer Jünglingsstatuen, die in den antiken Steinbrüchen gefertigt wurden. Unvollendet ließ man sie zurück, weil der Marmor brach. Wahrzeichen von Naxos aber ist das Marmortor eines antiken Tempels in Naxos-Stadt, das zum Sonnenuntergang scharenweise Touristen anzieht. Daneben gibt es fruchtbare Täler und sandige Strände, reizvolle Dörfer und bedeutende Kirchen.

Die Drehscheibe

Im Zentrum der Kykladen gelegen, ist **Syros** [Nr. 1] ein guter Ausgangspunkt für das beliebte Inselspringen, denn hier laufen einige Fährlinien zusammen. Ermoupolis, die Hauptstadt des Archipels, fasziniert durch ihre malerische Lage an den Hängen zweier Hügel und ihr architektonisches Erbe aus der Anfangszeit des Königreichs Griechenland im 19. Jh.

Die Hochdramatische

Das Überbleibsel einer verheerenden Naturkatastrophe, der zerborstene Vulkankrater von **Santorini** [Nr. 14], zieht die Massen an. Die Besucher kommen mit der Fähre oder dem Kreuzfahrtschiff und steigen die steilen Wege empor. Am Kraterrand liegen einige der schönsten Kykladendörfer. Wer schon immer einmal wissen wollte, wie man auf einem Vulkan so lebt, sollte diese Insel nicht auslassen.

Die Schillerndste

Den Sommer über ist das weltweit berühmte **Mykonos** [Nr. 4], die Insel mit den traumhaften Stränden, fest in der Hand lebenslustiger Urlauber. Hier gibt es die tollsten Kneipen, Bars und Diskotheken, darüber hinaus aber auch eines der schönsten Kykladendörfer.

Die Fruchtbare

Der auf den ersten Blick eher karge Felsblock **Andros** [Nr. 2] mit seinen schroffen Gipfeln offenbart sich beim zweiten Hinsehen als ein kleines ägäisches Paradies mit grünen Tälern, rauschenden Quellen und blühenden Gärten: Kein Wunder, dass die Insel ein bevorzugter Sommersitz betuchter griechischer Reeder ist.

Die Pilgerinsel

Der Strom der orthodoxen Pilger nach **Tinos** [Nr. 3] reißt das ganze Jahr über nicht ab. Die Gläubigen reisen aus allen Ecken Griechenlands an, um der wundertätigen Marienikone in der prächtigen Wallfahrtskirche Panagia Evangelistria ihre Aufwartung zu machen. Außerdem findet man auf Tinos zahlreiche Taubentürme, die schönsten der Kykladen.

Die Beschauliche

Das gebirgige **Amorgos** [Nr. 9] liegt etwas abseits am östlichen Rand der Kykladen. Hier findet man noch Ruhe und Erholung. Eine faszinierende Bergwelt, das spektakulär in der steilen Felswand hängende Kloster Chosoviotissa und herrliche Strände – was will man mehr?

Die Beliebteste

In der Antike wurde **Paros** [Nr. 6] aufgrund seines durchscheinenden Marmors von Bildhauern geschätzt, heute

wird es wegen seiner feinen Strände und grünen Täler von Urlaubern aus aller Welt geliebt. Die Hauptstadt Parikia ist ein lebendiger Hafenort, hinzu kommen zahlreiche weiße Dörfer und einsame Klöster.

Die Jugendliche

Zuerst kamen die Hippies, dann die Rucksacktouristen: Junge Leute aus aller Welt haben **Ios** [Nr. 17] zu ihrem allsommerlichen Treffpunkt erkoren. Manche Nacht geht es hoch her in der Chora und am Mylopotas-Strand. Die gebirgige Landschaft ist ideal zum Wandern.

Die Bunte

Milos [Nr. 20], wie Santorini vulkanischen Ursprungs, ist die Insel der farbigen Fel-

sen und seltenen Gesteine, der Basalttürme und blendend weißen Bimssteinküsten. Viele ihrer Naturwunder, auch schöne Strände, kann man jedoch nur vom Meer aus, am besten auf einer Schiffsrundfahrt, erkunden. Auch die berühmte Venus von Milo [s. S. 106] stammt von hier.

Geschichte, Kunst, Kultur im Überblick

Von Tempeln und Taubentürmen, Marmorriesen und kleinen Idolen

7500 v. Chr. In der mittleren Steinzeit beginnt die Besiedlung der Kykladen. Auf Kythnos und anderen Inseln machte man Funde aus Obsidian, einem vulkanischen Gestein, das nur auf Milos abgebaut wird. Sie belegen die frühe Entwicklung von Schiffsverkehr und Handel in der Ägäis.

4500 v. Chr. In der Jungsteinzeit führen Siedler aus Kleinasien Ackerbau und Viehzucht ein. Auf Saliagos, einem winzigen Eiland zwischen Paros und Antiparos, damals allesamt durch eine Landbrücke miteinander verbunden, entdeckte man Funde aus Obsidian sowie erste Marmorstatuetten.

3200–2700 v. Chr. An der Wende von später Jungsteinzeit zu früher Bronzezeit entsteht auf den Inseln die sog. Kykladenkultur. Funde dieser Zeit, marmorne Kykladenidole, werden der nach den Siedlungen Grotta (auf Naxos) und Pelos (auf Milos) benannten Grotta-Pelos-Kultur zugeordnet.

2700–2400/2300 v. Chr. Blütezeit der kykladischen Kultur. Funde wie Metallwerkzeug und z. T. lebensgroße Marmoridole werden der nach den Inseln Keros und Syros benannten Keros-Syros-Kultur zugerechnet. Befestigte Siedlungen entstehen auf Naxos und Delos. Ritzzeichnungen von Schiffen auf Keramik weisen auf die Seefahrt hin.

2000–1550 v. Chr. Mit der Ankunft der minoischen Kreter auf den Inseln geht in der mittleren Bronzezeit die eigenständige kykladische Kultur nieder. Auf der Insel Strongyle, dem späteren Santorini, zeugen Wandmalereien der Ausgrabungen von Akrotiri von einer hohen, minoisch beeinflussten Kultur, vergleichbar nur mit Funden aus dem Palastbereich in Knossos (Kreta).

um 1645 v. Chr. Eine gewaltige Vulkanexplosion zerstört Strongyle. Nach dem Kratereinbruch umgrenzt das kleine Eiland Thirassia und die Hauptinsel Santorini die tiefe Caldera.

1550–1100 v. Chr. Nach dem Untergang des minoischen Reiches in der späten Bronzezeit gewinnen die Mykener Einfluss auf den Kykladen.

1100–900 v. Chr. Die Ionier dringen über Kea und Andros nach Naxos, Paros und Delos vor, die Dorer besiedeln Milos, Santorini und Anafi.

7. Jh. v. Chr. Die winzige Insel Delos, mythischer Geburtsort der Götter Apollon und Artemis, entwickelt sich zum religiösen und wirtschaftlichen Zentrum der Ägäis. Die berühmte Löwenterrasse entsteht.

um 650 v. Chr. Der auf Paros geborene Lyriker Archilochos zieht als fahrender Sänger durch die Lande. Er gilt als Begründer der jambischen Verse.

6. Jh. v. Chr. Athen übt wachsenden Einfluss in der Ägäis aus.

490 v. Chr. Die Kykladen werden von den Persern be-

Eine runde Sache – kykladisches Marmoridol aus dem 3. Jahrtausend v. Chr.

Wächter des Heiligen Bezirks – die Löwenterrasse von Delos entstand im 7. Jh. v. Chr. ▷

setzt. In den folgenden Perserkriegen stehen einige Inseln auf Seiten Athens, andere auf Seiten der Perser.

480 v. Chr. Seeschlacht von Salamis. Milos, Sifnos und Serifos unterstützen die Athener. Nach dem griechischen Sieg sind die Kykladen von der Perserherrschaft befreit.

477 v. Chr. Der Attisch-Delische Seebund wird zum Schutz vor den Persern gegründet, die meisten Kykladeninseln treten bei. Sitz ist Delos, die Vorherrschaft aber hat Athen inne.

454 v. Chr. Der athenische Herrscher Perikles lässt – angeblich aus Sicherheitsgründen – die Bundeskasse mit den Beiträgen der Mitglieder von Delos nach Athen überführen. Damit verlieren Delos und die anderen Inseln des Archipels an politischem Einfluss. In Athen jedoch werden die Gelder zum Aufbau des Parthenon zweckentfremdet.

431–404 v. Chr. Die Abhängigkeit der Kykladen von Athen endet mit dessen Niederlage gegen Sparta im fast 30 Jahre währenden Peloponnesischen Krieg.

416 v. Chr. Der Rachefeldzug Athens gegen Milos, das im Peloponnesischen Krieg auf der Seite Spartas kämpfte, hat die Verwüstung der Insel und die Tötung oder Versklavung ihrer Bewohner zur Folge.

378 v. Chr. Der Zweite Attische Seebund, dem die meisten Kykladeninseln beitreten, wird zum Schutz vor Sparta gegründet. Die Mitglieder des Bundes lehnen sich allerdings schon bald gegen die Vormacht Athens auf.

356–336 v. Chr. Die politische Schwäche Athens und Spartas nutzend, fällt der makedonische König Philipp II. in Griechenland ein.

336–323 v. Chr. Philipps Sohn Alexander der Große erobert Ägypten, das Perserreich und Teile Indiens.

323–30 v. Chr. Nach dem Tod Alexanders wird sein Reich unter seinen Nachfolgern aufgeteilt, die Kykladen werden dem Herrschaftsgebiet der ägyptischen Ptolemäer zugeteilt.

197/196 v. Chr. Rom bricht die makedonische Vormacht in Griechenland.

166 v. Chr. Delos wird Freihafen und entwickelt sich in der Folge zu einem bedeutenden Handelszentrum im östlichen Mittelmeer.

146 v. Chr. Griechenland wird römische Provinz.

88/74 v. Chr. Mithridates VI. von Pontus (Kleinasien) zerstört Delos und Mykonos. Delos gelingt es nicht, an seine einstige Bedeutung anzuknüpfen.

1./2. Jh. n. Chr. Katakomben auf Milos zeugen von der frühen Ausbreitung des Christentums auf den Kykladen.

391 Unter Kaiser Theodosius wird das Christentum Staatsreligion. Antike Götterbilder werden zerstört, Tempel zu Kirchen umfunktioniert.

395 Bei der Teilung des Imperium Romanum in Ost- und Westrom fallen die Kykladen an das oströmische (byzantinische) Reich mit dessen Hauptstadt Konstantinopel.

9./10. Jh. Aufgrund wiederholter Überfälle arabischer Seeräuber auf die Kykladen verlässt die Bevölkerung die Küstenorte und sucht Schutz im Inselinneren.

1204 Konstantinopel wird von christlichen Kreuzfahrern (4. Kreuzzug) erobert und geplündert.

1207 Die Kykladen geraten unter die Herrschaft Venedigs. Einzelne Inseln werden als Lehen an adelige Abenteurer vergeben, Marco Sanudo gründet das Herzogtum Naxos, dem zwölf Inseln angehören. Mykonos und Tinos gelangen in den Besitz der Familie Ghizi. Durch den Zuzug italienischer Siedler entstehen katholische Gemeinden auf Tinos, Naxos, Syros und Thera (Santorini).

◁ *Gefürchtete Seefahrer – Chaireddin Barbarossa und sein Bruder machten im 16. Jh. das Mittelmeer unsicher*

1537 Der türkische Admiral Chaireddin Barbarossa (um 1460–1546) erobert die Kykladen für den osmanischen Sultan.

1540–1829 Bis auf Tinos, das bis 1715 venezianisch bleibt, geraten alle Inseln unter türkische Herrschaft. Diese gewährt ihnen weitgehende Autonomie und Glaubensfreiheit, dafür müssen aber Tributzahlungen geleistet werden. Während dieser Zeit halten Seeräuber die Kykladen in Atem. Auf einigen Inseln flüchtet die Bevölkerung vor den Piraten, auf anderen beteiligt sie sich an den Beutezügen.

1707 Der Vulkan von Santorini brodelt ständig und lässt die Lavainsel Nea Kameni aus der Caldera emporwachsen.

1770–1774 Im russisch-türkischen Krieg besetzen die Russen Paros und Naxos.

1796–1848 Die auf Mykonos geborene Bankierstochter Manto Mavrogenous engagiert sich für die griechische Unabhängigkeit, stiftet ihr Vermögen und beteiligt sich an den Kämpfen.

1814 Der Geheimbund ›Philiki Eteria‹ (Gesellschaft der Befreundeten) will die Gründung eines autonomen griechischen Staates.

1821 Beginn des griechischen Freiheitskampfes. Zahlreiche Griechen aus Kleinasien flüchten auf die Kykladen, einige Inseln stellen Schiffe für den Kampf zur Verfügung.

1822 Der Nationalkongress in Epidauros erklärt die Unabhängigkeit Griechenlands.

1823 Auf Tinos wird aufgrund der Vision einer Nonne eine wundertätige Marienikone entdeckt, die zum Symbol der griechischen Befreiungsbewegung wird. In der Folge beginnt man mit dem Bau der Wallfahrtskirche Panagia Evangelistria in Tinos-Stadt.

1827 In der Bucht von Navarino/Pylos (Peloponnes) kommt es zur Seeschlacht zwischen der osmanischen Flotte und der englischen, französischen und russischen Allianz, die mit einer vernichtenden Niederlage für die Türken endet.

1829 Im Frieden von Adrianopel (Edirne) erkennt das Osmanische Reich die Unabhängigkeit Griechenlands an.

1832 Erster König des neu gegründeten griechischen Königreichs wird Otto I. aus dem bayerischen Haus Wittelsbach.

1834 Athen wird Hauptstadt des befreiten Griechenland, die Kykladen schließen sich dem neuen Staat an. Ermoupolis auf Syros, die Hauptstadt der Kykladen, kann sich zunächst als wichtigster Hafen des gesamten Landes behaupten.

1893 Durch die Eröffnung des Kanals von Korinth verliert Ermoupolis seine Vorrangstellung an den Hafen von Piräus bei Athen.

1914–18 Im Ersten Weltkrieg bleibt Griechenland zunächst neutral, tritt dann aber auf Druck der Entente (Großbritannien und Frankreich) und auf Initiative von Ministerpräsident Venizelos doch in den Krieg gegen Deutschland und Österreich-Ungarn ein. Thronverzicht König Konstantins I.

1921 Nach dem Sieg der Alliierten und der Pariser Friedenskonferenz, die ein griechisches Mandat für den Bezirk Izmir vorgesehen hat, versucht Griechenland, den Westen Kleinasiens zu erobern (einstiges griechisches Siedlungsgebiet). Die griechischen Truppen werden vom Heer Kemal Paschas, später auch Atatürk genannt, zurückgetrieben. Der nach Athen zurückgerufene König Konstantin dankt zugunsten seines Sohnes, König Georg II., ab.

1923 Im Friedensvertrag von Lausanne wird ein griechisch-türkischer Bevölkerungsaustausch vereinbart. Mehrere Millionen Menschen verlieren ihre bisherige Heimat, Türken müssen Thrakien verlassen, Griechen Kleinasien. Durch den Zuzug Vertriebener nimmt die Bevölkerung auch auf den Kykladen zu.

1924–35 Griechenland ist Republik.

1935–40 Griechenland ist Diktatur.

1940–41 Ein Ultimatum Mussolinis mit Forderungen nach italienischen Stützpunkten auf griechischem Boden wird von Athen abgelehnt. Daraufhin kommt es zu einem Überfall italienischer Truppen, ein U-Boot versenkt im Hafen von Tinos ein griechisches Kriegsschiff. ›Ochi‹ (Nein) sagen die Griechen und schlagen die Angreifer zurück. Nach dem Eingreifen der deutschen Armee in den Konflikt muss Griechenland kapitulieren.
1941–43 Griechenland wird von italienischen und deutschen Truppen besetzt.
1945–49 Bürgerkrieg in Griechenland: Die kommunistische ›Volksbefreiungsarmee‹ kämpft gegen konservativ-royalistische Regierungstruppen, britische Truppen greifen ein. In der Folge werden Kommunisten in Lagern inhaftiert.
1946 König Paul I. kehrt nach einer Volksabstimmung auf den Thron zurück.
1952 Beitritt Griechenlands zur NATO.
1956 Ein Erdbeben auf Santorini zerstört große Teile der Orte Thira und Oia.
ab 1960 Starke Abwanderung junger Leute von den Inseln, Rückgang der Landwirtschaft.
1964 Nach dem Tod Pauls I. wird sein Sohn als König Konstantin II. gekrönt.
1967 Militärdiktatur unter General Georgios Papadopoulos. Die Gegner des Regimes werden verfolgt, viele auf der Felseninsel Giaros nördlich von Syros unter grausamen Bedingungen interniert. Nach einem fehlgeschlagenen Versuch, die Verfassung wieder in Kraft zu setzen, flieht der König nach Rom, später nach London. – Der griechische Archäologe Spyridon Marinatos beginnt mit den Ausgrabungen in Akrotiri auf Santorini und entdeckt ein Zentrum der frühen minoisch-kykladischen Hochkultur.
1974 Spyridon Marinatos verunglückt tödlich bei den Ausgrabungen in Akrotiri. Die Archäologen Skalafati und Doumas setzen die Grabungen fort.
1975 Nach einem Volksentscheid wird Griechenland zur Republik und erhält eine neue Verfassung.
1981 Griechenland wird Mitglied der Europäischen Gemeinschaft.
1982 Die Zivilehe wird in Griechenland eingeführt.
1987 Auseinandersetzungen zwischen Griechenland und der Türkei um die Erdölvorkommen in der Ägäis.
1989 Innergriechische Versöhnungspolitik zur Normalisierung des Verhältnisses der einstigen Gegner im Bürgerkrieg nach dem Zweiten Weltkrieg.
1997 Die Bevölkerungszahlen steigen auf einigen Inseln nach drastischen Abwanderungen wieder an.
1998 Die Thera-Foundation Petros M. Nomikos stellt erstmals Repliken einiger der Wandgemälde von Akrotiri aus, die im 2. Jahrtausend v. Chr. entstanden.
2001 Verstärkte touristische Zusammenarbeit Griechenlands und der Türkei.
2003 Auf den Kykladen werden Wanderurlaub, Agrotourismus und Inselspringen immer beliebter.
2005 Bei einem Unfall in der Ausgrabungsstätte Akrotiri auf Santorini stürzt ein Teil der Überdachung ein und tötet einen Besucher. Sechs weitere Touristen werden verletzt. Die Ausgrabungsstätte wird daraufhin geschlossen. Ihre Wiedereröffnung ist für 2008 geplant.
2007 Griechenland liegt auf der Liste der weltweit mit der ›Blauen Flagge‹ ausgezeichneten Strände auf dem 2. Platz. Von den 2672 prämierten Stränden befinden sich 430 in Griechenland.

◁ *Der junge Otto aus dem Hause Wittelsbach wurde im 19. Jh. erster König von Griechenland*

Begehrte Auslaufmodelle – obwohl die Windmühlen nicht mehr in Betrieb sind, haben sie sich zum Wahrzeichen von Mykonos-Stadt entwickelt

Unterwegs

Der Norden – Reeder, Pilger, Taubenzüchter

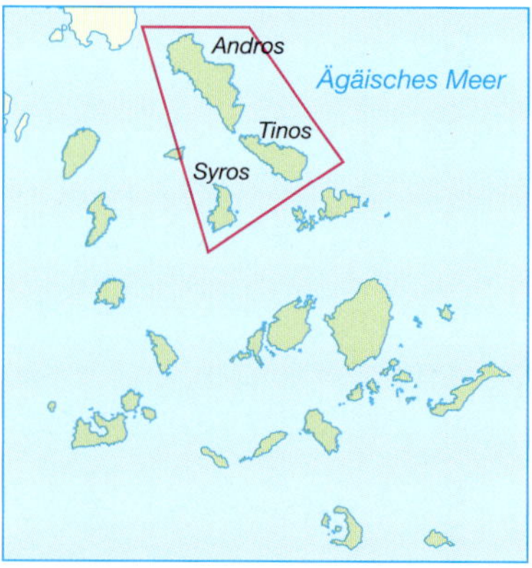

Im Kreis der Kykladeninseln liegt **Syros** fast im Zentrum, wirtschaftlicher Dreh- und Angelpunkt ist *Ermoupolis*, die Hauptstadt der Kykladen. Doch eigentlich war die größte Ortschaft des Archipels zu Höherem berufen. Mitte des 19. Jh. erwog man ernsthaft, Ermoupolis zum Hauptstädtchen des befreiten Griechenland zu machen. 1834 jedoch entschied man sich für Athen. Glück gehabt, Ermoupolis. So können Einheimische wie Touristen noch heute die malerische Lage an den Hängen zweier fast gleich hoher Hügel und das reizvolle architektonische Erbe aus der Zeit des kurzen Höhenflugs ohne größeren Rummel genießen.

Andros, die nördlichste der Kykladen, erkoren wohlhabende griechische Schiffseigner bereits im 19. Jh. zu ihrer Lieblingsinsel. Angelockt von grünen Tälern und rauschenden Quellen, errichteten sie hier ihre prachtvollen Sommerhäuser. Und die *Reederfamilie Goulandris* stiftete zudem in der Chora mit dem Archäologischen Museum und dem Museum der Modernen Kunst zwei der attraktivsten Museen der Kykladen.

Zwischen Syros und Andros liegt **Tinos**, die Insel der Wunderheiler. In der Antike suchten die Gläubigen im Krankheitsfall das Heiligtum des *Poseidon* auf, des Herrschers der Meere, der kurzerhand zum Gott der Heilkraft erklärt wurde, und in der Neuzeit *Megalocharis*, die gnadenreiche Muttergottes. Ihr zu Ehren erbaute man in Tinos-Stadt eine prächtige Wallfahrtskirche, die das gesamte Jahr über von Pilgern besucht wird, zu den großen Marienfesten von Tausenden von Gläubigen.

1 Syros

Plan Seite 19

Drehscheibe der Kykladen mit Ermoupolis, der Hauptstadt des Archipels.

Mit 86 km² zählt Syros nicht gerade zu den größten, mit 20 000 Einwohnern aber zu den am dichtesten besiedelten Inseln der Kykladen. Dank seiner zentralen Lage entwickelte sich das Eiland nach dem Befreiungskrieg 1830 zum wirtschaftlichen und kulturellen Zentrum Griechenlands. Ein wahrer Bauboom folgte. **Ermoupolis**, der größte Ort der Insel, ist bis heute die einzige Ansiedlung des Archipels mit städtischem Charakter. Ende des 19. Jh. jedoch verlor Syros seine Vormachtstellung, der Hafen von Piräus überflügelte jenen von Ermoupolis. Heute hat hier die *regionale Verwaltung* der Kykladen ihren Sitz.

Der Tourismus spielt auf Syros eine eher untergeordnete Rolle. Der bergige Inselnorden ist sehr karg und trocken, der grünere Süden bietet einige kleine Fischerdörfer mit Badestränden. Die Bewohner leben jedoch vorrangig von der Landwirtschaft und dem Schiffsbau.

Geschichte Nachdem Griechenland 1830 die Osmanenherrschaft abgeschüttelt hatte, entwickelte sich Ermoupolis zu der florierenden Stadt des befreiten Landes. Warum nicht Athen, sondern eine kleine Stadt auf Syros? Die Ursachen hierfür liegen in der mittelalterlichen Geschichte der Insel. Ursprünglich gehörte Syros dem byzantinischen Kaiserreich an, wurde aber in das von dem Venezianer *Marco Sanudo* im Jahr 1207 gegründete **Herzogtum Naxos** eingegliedert. 360 Jahre lang, bis zur türkischen Eroberung 1566, bestimmten dann venezianische Adelsfamilien die Geschicke auf den Kykladen. Doch anders als ihre Nachbarn hatten sich die Einwohner von Syros, das damals auch ›Insel des Papstes‹ genannt wurde, mehrheitlich zum katholischen Glauben bekehren lassen. Sie fanden sich plötzlich in einer privilegierten Situation wieder: Frankreich, mit den Türken verbündet, erklärte sich zur Schutzmacht der rund 3000 Syrioten.

In den Jahren des **Freiheitskrieges** zwischen 1820 und 1830 blieb Syros neutral, Tausende von griechischen Flüchtlingen, darunter reiche Handelsherren aus Smyrna, dem heutigen Izmir, suchten hier Schutz. Erst seit dieser Zeit trägt Ermoupolis seinen Namen, benannt nach *Hermes*, dem griechischen Gott des Handels und des Verkehrs. Die Stadt blühte wirtschaftlich und kulturell auf und avancierte zu einem bedeutenden Handelszentrum.

1834 schließlich wurde dann doch Athen Kapitale Griechenlands, Ermoupolis blieb die Rolle der **Kykladen-Hauptstadt**. Mit der Eröffnung des Kanals von

Stadt der vielen Hügel – die Besichtigung von Ermoupolis, der Hauptstadt der Kykladen, erfordert einiges an Kondition

Die Statue des Freiheitskämpfers Andreas Miaoulis steht auf einem hohen Sockel inmitten der nach ihm benannten Platia, an der sich auch das imposante, palastartige Rathaus erhebt

Korinth 1893 begann der allmähliche Niedergang. Ein großer Teil des Schiffsverkehrs im östlichen Mittelmeer steuerte nun den Hafen von Piräus an. In der Folge wanderten Tausende Syrioten auf das griechische Festland ab.

TOP TIPP Ermoupolis

Plan Seite 21

Strahlend weiße Häuserwürfel ziehen sich die Hänge der Zwillingshügel hinauf: Den östlichen (Vrondado) krönt die blaue Kuppel der orthodoxen Kathedrale *Anastaseos tou Sotiros*, auf dem westlichen, steileren Berg (Ano Syros) thront die römisch-katholische *Agios-Georgios-Kathedrale* hinter festungsartigen Klostermauern. Nahe dem Ufer leuchten rote Ziegeldächer auf. Sie erinnern an die Glanzzeit von Ermoupolis, das 19. Jh., als man hier im Stil des Klassizismus und so ganz und gar nicht typisch kykladisch baute. Die Stadtsilhouette vom Wasser her ist wunderschön, und wer mit dem Flugzeug gekommen ist, sollte diesen Anblick im Rahmen einer Schifffahrt nachholen.

Gestört wird die Optik ein wenig vom wuchtigen Baukörper der *Neorion-Werft*. Die Werft aber erfüllt die Inselbewohner mit großem Stolz. Denn nach dem Konkurs 1993 produziert das Unternehmen nun wieder und ist der größte und wichtigste Arbeitgeber auf den Kykladen. Schon seit 5000 Jahren, so hört man von den Einheimischen, werden auf Syros Schiffe gebaut und repariert.

Vom Hafenrund führen mehrere Querstraßen direkt ins Stadtzentrum. Über den breiten *Odos Eleftherios Venizelos* oder eine der schmalen Seitengassen, in denen vormittags der Gemüsemarkt stattfindet, erreicht man die großzügige lang gestreckte **Platia Miaoulis** 1. In der Mitte des marmorgepflasterten und von Palmen gesäumten Platzes erhebt sich das Denkmal des griechischen Freiheitshelden *Andreas Miaoulis*, eine der führenden Persönlichkeiten im Kampf gegen die osmanische Herrschaft. Die elegante Platia Miaoulis lädt zum Flanieren ein und in den Sommermonaten trifft man sich hier zur *Volta*, dem abendlichen Spaziergang.

Das 1876–81 nach Plänen des Architekten *Ernst Ziller* errichtete **Rathaus** 2, das die Längsseite des Platzes einnimmt und über einer hohen Freitreppe thront, präsentiert sich als klassizistischer Palastbau mit zweistöckigem, säulengerahmten Portikus. Im Westflügel des Gebäudes befindet sich das **Archäologikó Moussío** 3

(Tel. 22 81 08 84 87, Di–So 9–14.30 Uhr). Bronzezeitliche Keramik (3. Jahrtausend v. Chr.) aus *Chalandriani*, einer Ausgrabung im Norden der Insel, Kykladenidole aus derselben Zeit sowie spätrömische Grabstelen gehören zu den interessantesten Ausstellungsstücken.

Von der Platia Miaoulis führt der *Odos Georgiou Souri* – vorbei an schick restaurierten ehemaligen Lagerhäusern, in die nun Geschäfte und Büros eingezogen sind – direkt zur kleinen **Platia Tsiropina** 4. Die gleichnamige Villa ist heute Sitz der Präfektur der Kykladen.

Hinter der Platia Miaoulis, in nordöstlicher Richtung, liegt das **Apollontheater** 5 (Tel. 22 81 08 51 92), das die Bewohner der Stadt 1861 nach dem Vorbild der Mailänder Scala erbauen ließen. Nach Jahrzehnten des Verfalls wurde das Gebäude 1986 aufwendig restauriert. Heute finden dort wieder Theaterabende und andere kulturelle Veranstaltungen statt.

Nach einem kurzen Spaziergang den Hügel hinauf erreicht man eine kleine Grünanlage und das mächtige, 1889 im klassizistischen Stil errichtete Gotteshaus **Agios Nikolaos** 6. Mit den beiden Glockentürmen und der blauen Kuppel überragt es den vornehmsten Stadtteil von Ermoupolis. Das dreischiffige Kircheninnere ist mit einer prächtigen Marmorikonostase ausgestattet.

In dem hoch über dem Steilufer gelegenen Viertel *Vapori* (›Dampfschiff‹) ließen sich im 19. Jh. wohlhabende Reeder nieder. Ihre prachtvollen Villen wurden teilweise restauriert und erstrahlen nun in neuem Glanz. Von der Agios-Nikolaos-Kirche führt der Weg durch stille Straßen weiter bergauf. Auf der Spitze des niedrigeren *Vrondado-Hügels* (150 m) thront die orthodoxe **Anastaseos-tou-Sotiros-Kathedrale** 7 (›Auferstehung des Erlösers‹). Schattige Pinien rund um die Kirche spenden Kühlung, und der Ausblick

auf die zu Füßen liegende Stadt und das Meer ist besonders während der Dämmerung sehr schön, wenn sich Ermoupolis allmählich in ein Lichtermeer verwandelt.

Der Aufstieg auf den etwas höheren Hügel **Ano Syros** führt durch enge, verwinkelte Gassen und Treppenwege, vorbei an den typisch kykladischen Würfelhäusern. Das Stadtviertel, das während der venezianischen Herrschaft im 13. Jh. angelegt wurde und sein mittelalterliches Aussehen bis heute weitgehend bewahrt hat, ist für den Autoverkehr gesperrt. Wie in alten Zeiten stehen hier und da die Türen offen, treffen sich die Nachbarn auf ein Schwätzchen. Die malerischen Gassen wirken wie eine einzige blumengeschmückte Wohnstube. Wem der steile Aufstieg zu anstrengend ist, der erreicht den Kathedral- und Klosterbereich auch mit dem Bus oder Taxi über eine asphaltierte Straße, die um den Hügel herumführt. Unterhalb des Gipfels liegen zwei Klöster, ein *Kapuziner-* und ein *Jesuitenkloster*, die beide noch von einigen Mönchen bewohnt werden. Auf 180 m Höhe erhebt sich die gelbgetünchte katholische **Agios-Georgios-Kathedrale** 8. Im Kern mittelalterlich, erhielt sie ihre heutige Gestalt im 19. Jh.

Auf dem Weg zurück ins Hafenviertel trifft man oberhalb der Uferstraße auf eine weitere interessante Kirche, **Agia Kimisis** 9 (›Himmelfahrt‹). Das unmittelbar nach den Befreiungskriegen errichtete Gotteshaus zeigt im Inneren eine Ikone, die dem jungen *El Greco* (1541–1614), der später nach Spanien ausgewandert ist, zugeschrieben wird.

Inselrundfahrt

Die hügelige Landschaft **nördlich** von Ermoupolis ist eher karg. Auf asphaltierter Straße geht es Richtung Norden. Kurz hinter *Mitikas* führt eine holprige Piste nach Richopo, einem winzigen, südlich gelegenen Dorf. Von hier aus kann man die **Höhle des Pherekydes** besichtigen, eines antiken Philosophen, der einen berühmten Schüler hatte – Pythagoras.

Weiter nördlich liegt **Chalandriani**, ein frühbronzezeitliches Gräberfeld, dessen etwa 500 Gräber fast vollständig überwuchert sind. Die Grabungsfunde, Marmoridole, Kupfer- und Bronzegegenstände sowie Keramiken, kann man sich im Archäologikó Moussío von Ermoupolis [s. S. 20] ansehen. Die Asphaltstraße endet bei **Kampos** nahe der Nordspitze. Schmale Wanderpfade führen in gut ei-

Aus dem Rahmen gefallen – das dreischiffige Innere der Katholischen Kathedrale präsentiert sich ganz und gar unorthodox ohne Ikonostase

ner Stunde an die Küste. Über Terrassen kann man zu kleinen, einsamen Buchten hinuntersteigen, z. B. *Lia Grammaton* und *Ormos Grammaton*. Die Aussicht über das Meer und die umliegenden Inseln ist ein wahres Naturerlebnis.

Der **Inselsüden** ist grüner und fruchtbarer. Er verfügt über ein Netz guter Straßen sowie einige hübsche Dörfer, die mehr und mehr zu Urlaubszentren ausgebaut werden. Eine kurvenreiche Straße führt bergauf nach **Episkopi**, einem hoch über Ermoupolis gelegenen kleinen Dorf. Zwischen grünen Pinien- und Feigenbäumen verstecken sich die prachtvollen Villen der reichen Syrioten, die den Ort als Sommersitz schätzen. Auf dem Weg zur Westküste ragt nach wenigen Kilometern das um die Jahrhundertwende entstandene Kloster **Agia Barbara** empor. Noch heute wird es von einigen Nonnen bewohnt, die sich hier um Waisenkinder kümmern und sie in der Arbeit am Webstuhl unterrichten. Handgewebte Textilien werden zum Verkauf angeboten.

Zum Fischer- und Badeort **Kini** geht es an Terrassenfeldern vorbei. Die fast kreisrunde Bucht mit dem tamariskenbewachsenen Kiesel-Sandstrand sowie ein paar kleine Hotels und Restaurants versprechen erholsame Urlaubstage. Das nächste Dorf, **Galissas**, verfügt über einen angenehm breiten Sandstrand mit einer schönen Uferpromenade und eine größere Hotelanlage. In **Finikas**, dessen Häuser verstreut um eine weite Bucht in der Küstenebene liegen, ist der Strand schmaler und das Hinterland gleichförmiger als in Kini. Die nächste Ortschaft, **Possidonia**, die auch unter dem Namen *Della Grazia* bekannt ist, liegt ein Stück landeinwärts. Im 19. Jh. ließen sich hier wohlhabende Syrioten herrschaftliche Villen errichten, die z. T. in den letzten Jahren restauriert wurden. Weitere Bademöglichkeiten findet man in *Megas Gialos* und *Vari* an der Südküste.

In den Bergen hoch über Ermoupolis liegt das Nonnenkloster Agia Barbaras

i Praktische Hinweise

Information

www.syros.com.gr

Touristeninformationsbüro, Dodekanisiou 10, Ermoupolis, oberhalb vom Hafen, Tel. 22 81 08 67 25

Team Work Holidays, Akti Papagou 18, Ermoupolis, am Hafen, Tel. 22 81 08 34 00, Fax 22 81 08 35 08, www.teamwork.gr, Reiseagentur

Bus: Zwischen den größeren Inselorten bestehen gute Verbindungen. Fahrpläne und Abfahrt am Fähranleger an der Westseite der Hafenbucht. Infos: Tel. 22 81 08 25 75, www.ktel.org

Flug: Von und nach Athen, Syros Airport: Tel. 28 81 08 70 25, Athens International Airport: Tel. 21 03 53 00 00, www.aia.gr

Schiff: Fährverbindung mit Piräus, Rafina, Tinos, Mykonos, Paros, Naxos. Syros Hafen: Tel. 22 81 08 88 88
Piräus Hafen: Tel. 14 40
Rafina Hafen: Tel. 22 94 02 88 88

Hotels und Apartments

*****Kokkina Beach**, Finikas, Tel. 22 81 04 30 10, Fax 22 81 04 35 63, www.kokkina-beach.com. Schöne Anlage oberhalb der felsumrahmten Kokkina-Sandbucht, mit Pool.

*****Omiros**, Omirou 43, Ermoupolis, Tel. 22 81 08 49 10, Fax 22 81 08 62 66, omirosho@otenet.gr. Klassizistisches, stilvoll eingerichtetes Patrizierhaus mit Blick auf Stadt und Meer.

Hermes, Platia Kanari, Ermoupolis, im Osten der Hafenbucht, Tel. 22 81 08 30 11, Fax 22 81 08 74 12, www.hermes-syros.com. Das Hotel in einem klassizistischen Gebäude wurde vor einiger Zeit um einen modernen Anbau erweitert.

Sea Colours Apartments, Athinas 10, Ermoupolis, Tel. 22 81 08 11 83, Fax 22 81 08 35 08, www.teamwork.gr. Moderne, großzügige Apartments oberhalb der Steilküste, teilweise mit Meeresblick, 10 Min. zu Fuß zum Zentrum.

Argo Studios, Kini, 300 m vom Strand, Tel. 22 81 07 13 95, Fax 22 81 07 11 20, www.argo-studios.gr. Freundliche Atmosphäre in ruhiger Lage im kleinen Fischerort.

Blue Sky Apartments, Galissas, Tel. 22 81 04 32 82. Fax 22 81 08 74 88, www.blue-sky.gr. Zentral gelegen, etwa 200 m bis zum Meer.

Restaurants

Acapulco, Finikas, Tel. 22 81 04 30 08. Schöne Lage über der Bucht.

Ein Häuschen im Grünen – auf der fruchtbaren Insel Andros haben sich wohlhabende Reederfamilien niedergelassen

Ta Giannena, Ermoupolis, direkt am Hafenkai, Tel. 22 81 08 29 94. Fisch- und Fleischgerichte (Mo geschl.).

Taverna Chroussa, Chroussa, Tel. 22 81 06 18 13. Kreative Küche (Fr–So geöffnet).

Taverna Lilis, Ermoupolis, Ano Syros, Tel. 22 81 08 80 87. Beliebtes Lokal hoch über der Stadt, während der Saison unbedingt reservieren.

2 Andros

Plan Seite 25

Seefahrer und Reeder sind auf der nördlichsten Kykladeninsel zu Hause.

Wer die südlichen Kykladen kennt und zum ersten Mal nach Andros, der zweitgrößten Insel (380 km^2, 9000 Einw.), kommt, staunt über die vielen grünen Täler und Hänge. Ein Leben unter ständigem Wassermangel wie ein Teil der anderen Eilande kennt Andros nur auf seinen Berghöhen. Quellen sprudeln reichlich, und in **Paleopolis**, wo man einst Dionysos einen Tempel baute, ließ der Gott des Weines, so erzählt eine mythische Überlieferung, alljährlich während der fünftägigen Dionysien Rebensaft statt Wasser strömen. Mit der touristischen Entwicklung eilt es den Andrioten nicht. An ihren Stränden bietet die Insel noch immer genug Platz für Leute, die sich ohne Trubel und Hektik rundum wohlfühlen.

Geschichte Die Siedlungsspuren auf Andros reichen zurück bis in mykenische Zeit (um 1500 v. Chr.). Gegen 1000 v. Chr. kamen ionische Griechen vom Festland und gründeten an der Südwestküste **Zagora**, das zwischen 900 und 700 v. Chr. seine größte Blüte erlebte und eines der wenigen Beispiele einer gut erhaltenen Siedlung aus *geometrischer Epoche* ist. Anfang des 5. Jh. v. Chr. wurden die Kykladen von den **Persern** besetzt. In der *Seeschlacht von Salamis* (480 v. Chr.) kämpfte Andros auf persischer Seite, dennoch gelang den Griechen ein bedeutender Sieg und die Vertreibung des Feindes aus der Ägäis. Im 4. Jh. v. Chr. geriet die Insel in die Abhängigkeit von Athen.

Erst die byzantinische Zeit brachte eine neue wirtschaftliche und auch kulturelle Blüte. So gründete beispielsweise der Neuplatoniker *Proklos* im 5. Jh. eine philosophische Akademie. Nach der Er-

oberung Konstantinopels durch den 4. Kreuzzug 1204 und der Aufteilung Griechenlands unter den Kreuzfahrern fielen die Kykladen an Venedig. Mehrere venezianische Adelsgeschlechter wechselten einander in der Folge als Herrscher ab, bis 1537 *Chaireddin Barbarossa* Andros für die Osmanen eroberte. Nach der Befreiung von den Türken und der Eingliederung ins junge **Königreich Griechenland** 1832 entwickelte sich die Insel zu einer beliebten Residenz betuchter Reederfamilien und Kapitäne.

Batsi und der Inselnorden

Das ehemalige Fischerdorf **Batsi** hat sich zu einem, besonders bei Engländern und Deutschen beliebten Ferienort entwickelt. Über der weiten Bucht erstrecken sich Wohnhäuser, Hotels und Restaurants mit für die Kykladen untypischen roten Ziegeldächern. Das kleine Städtchen bietet malerische Gassen, blühende Gärten, jede Menge Cafés am Uferkai und dazu schöne Strände in der Umgebung.

In den Bergen nördlich von Batsi erhebt sich eindrucksvoll auf einem 320 m hohen Plateau das 1325 gegründete Kloster **Moni Zoodochos Pighi** (›Quelle des Lebens‹). Über die Küstenstraße und eine nach wenigen Kilometern abzweigende schlechte Piste gelangt man direkt zum Kloster, eines der größten der Kykladen und noch heute von einigen Nonnen bewohnt. Mehrere wehrhafte Gebäude gruppieren sich um den Innenhof.

Admiral Rotbart

Im Irrtum ist, wer das Osmanenreich nur für eine Landmacht hält. **Sultan Süleyman der Prächtige** unterhielt im 16. Jh. am Goldenen Horn und an den Dardanellen eine Reihe großer Schiffswerften. Einer der begabtesten Seefahrer der türkischen Flotte war der auf Lesbos geborene **Chaireddin**, dem die Christen wegen seines roten Bartes den Beinamen Barbarossa gaben. Bevor er in den Dienst des Sultans trat, machte er als **Freibeuter** erfolgreich das Mittelmeer unsicher. An der Küste Algeriens gründete er einen Piratenstaat, plünderte Mallorca und Menorca und eroberte Tunis. Kaiser Karl V. höchstpersönlich stach mit einer Flotte in See, um den **muslimischen Barbarossa** zu vertreiben – mit der Folge, dass dieser sich nach Istanbul zurückzog und am Hof Süleymans zum Großadmiral ernannt wurde. Für den Sultan eroberte er schließlich die Inseln der Ägäis.

Die kleine *Klosterkirche* besitzt eine schöne Marmorikonostase mit einer besonders verehrten Marienikone. Die *Bibliothek* birgt einige wertvolle Handschriften. Von Batsi aus ist das Kloster auch auf einer halbtägigen geführten Wanderung zu erreichen.

Von Zoodochos Pighi führt eine Piste zum historisch bedeutendsten Bauwerk von Andros, dem mächtigen, heute dachlosen Rundturm von **Agios Petros**. Man kann aber auch die Küstenstraße nehmen und kurz vor Gavrion rechts abbiegen. Der 20 m hohe, aus groben Steinquadern errichtete Turm datiert in die hellenistische Zeit. Damals überzog ein Netz dieser *Pyrgi* genannten Türme alle größeren Kykladeneilande. Sie dienten dazu, im Falle eines Angriffs mittels Feuersignalen möglichst rasch die Bevölkerung zu warnen. Auch auf anderen Inseln sind heute noch antike Wachtürme erhalten, doch der von Agios Petros ist ein besonders schönes Exemplar.

Bei einer Fahrt durch den gebirgigen Nordteil von Andros stößt man auf einige hoch gelegene Bergdörfer, die einen großartigen Fernblick über die gesamte Insel ermöglichen. Bei *Kalivari* über der Meerenge zwischen Euböa und Andros hat man einen guten Ausblick auf den Windpark mit sieben Windrädern.

Andros-Stadt (Chora) und der Inselsüden

Das südliche Andros bietet sich dank eines dichteren, größtenteils gut ausgebauten Straßennetzes für Rundfahrten an. Die schönste Strecke – von Batsi hinüber an die Ostküste zur Inselhauptstadt Andros-Stadt (auch Chora – griech. Hauptort einer Insel) – führt zunächst auf

Immer schön standhaft bleiben – obwohl die Spitze bereits abgefallen ist und das Mauerwerk erste Risse zeigt, gibt der hellenistische Rundturm Agios Petros nicht nach

Mehr Fischerboote als Jachten – doch im Hafenstädtchen Batsi hat der Tourismus bereits unübersehbar Einzug gehalten

der Höhenstraße in südöstlicher Richtung zum Berghang der antiken Hauptsiedlung **Paleopolis**. Vom einstigen Glanz zeugen heute noch einige Reste der alten Stadtmauer. Ein Abstecher zu den Ruinen ist von der Straße aus möglich, das letzte Stück muss man zu Fuß zurücklegen. Weiter geht es auf der Höhenstraße bis zu einem Abzweig, der dann in nordöstlicher Richtung ins fruchtbare *Messaria-Tal* hinabführt.

Krönender Abschluss der Fahrt ist das prächtige Panorama der sich über den Steilhängen einer Landzunge erstreckenden **Chora** von Andros. Da die Stadt recht übersichtlich und nicht allzu groß ist, bietet es sich an, den Wagen am Ortseingang stehenzulassen und dem lang gestreckten *Odos Georgiou Empirikou* zu folgen. Vorbei an Rathaus und Post, Läden, Banken und Restaurants erreicht man die belebte *Platia Keri*. Hinter dem Torbogen, der den Platz auf der nördlichen Seite begrenzt, öffnet sich die sehenswerte Altstadt.

TOP TIPP Gleich auf der linken Seite befindet sich das bedeutende **Archäologikó Moussío** (Tel. 22 82 02 36 64, Di–

So 8.30–15 Uhr), das von der *Vasilis and Elisa Goulandris Foundation* gestiftet und 1981 eröffnet wurde. Die moderne, lichte Museumsarchitektur und die übersichtliche Präsentation der Exponate, vor allem aus *Zagora* und *Paleopolis*, machen den Besuch zu einem wahren Vergnügen. Das Prunkstück der Sammlung ist der berühmte *Hermes von Andros*. Die von einem Bildhauer aus hellenistischer Zeit nach einem Original des Praxiteles in kraftvoller Schönheit geschaffene Marmorskulptur wurde 1833 in Paleopolis von einem Bauern gefunden. Der griechische *König Otto I.* und sein eigens angereister Vater König Ludwig I. von Bayern besuchten die Insel und nahmen das gute Stück mit dem makellos erhaltenen Kopf (allerdings fehlen die Arme) mit nach Athen. Doch zur Eröffnung des Archäologischen Museums von Andros gab das Athener Nationalmuseum die Statue zurück.

Die Reederfamilie Goulandris stiftete auch das **Museum der Modernen Kunst** (Tel. 22 82 02 24 44, Mi–Mo 10–14 Uhr), das sich in der nächsten Gasse in Richtung Küste befindet. Es zeigt Werke griechischer Maler und Bildhauer des 20. Jh., z. B. Plastiken von *Michalis Tombros*. Während der Sommermonate finden auch Sonderausstellungen statt.

Der Rundgang durch die Chora führt durch enge Gassen, vorbei an weiß getünchten Häusern und Kirchen. Hier gelangt man zum **Seefahrtsmuseum** (Tel. 22 82 02 22 64, sommers Mi–Mo 10–14 und 18–20 Uhr), in dem Schiffsmodelle, Fotos und historische Bordinstrumente ausgestellt werden. Außerdem befindet sich hier das Haus des Philosophen *Theophilos Keri*, der im Konflikt mit der Kirche 1858 im Gefängnis starb. An der Spitze der Landzunge – mit der überlebensgroßen Statue des Unbekannten Seemanns – befindet sich auf einer Felsklippe die Ruine der im 13. Jh. von dem Venezianer *Marino Dandalo* errichteten Festung, rechts und links öffnen sich die Buchten Paraporti und Plakoura.

Die Umgebung von Chora wartet mit mehreren sehenswerten Dörfern und Klöstern auf: Nur wenige Kilometer nördlich erstreckt sich **Stenies** an einem grünen Hang. In dieser fruchtbaren Landschaft mit ihren Weingärten und Olivenhainen fühlten sich bereits im 19. Jh. die reichen Reeder von Andros wohl und errichteten ihre Sommersitze. Das westlich gelegene **Apikia** ist dank seiner Mineralquelle weithin bekannt. Das hier abgefüllte Sarisa-Wasser wird in ganz Grie-

Vorgelagert – die malerische Chora von Andros mit ihren weißen Häusern und den Resten einer venezianischen Festung erstreckt sich auf einer Landzunge

chenland geschätzt. Von Apikia führt eine unbefestigte Straße zu dem 3 km entfernten Kloster **Agios Nikolaos** (1740), das von einer hohen weiß getünchten Mauer umgeben ist. Besonders interessant ist die aus Gold- und Silberfäden sowie Menschenhaaren gestickte *Ikone des hl. Nikolaos* in der vorbildlich restaurierten Kreuzkuppelkirche. Dabei kamen unter weißem Putz Bruchsteinmauern hervor. Die nächste Ortschaft, das von fruchtbaren Terrassenfeldern umgebene **Vourkouti**, liegt am Ausgang einer steilen Schlucht.

Ein weiteres Kloster, **Moni Panachrantou**, erreicht man über eine Piste von *Messaria* aus. Wer gut ausgebaute Verkehrswege bevorzugt, kann sich dem Kloster aber auch in weitem Bogen über *Messa Vouni* nähern. Allerdings muss man auch bei dieser Strecke ein Stück Erdstraße in Kauf nehmen. Das im 10. Jh. gegründete älteste Kloster der Insel liegt festungsartig am steilen Nordhang des *Gerakonas-Massivs* (684 m). Südlich von Messa Vouni fasziniert ein weiteres Mal eine schöne Panoramastraße, die über die terrassierten Hänge führt und mit weiten Ausblicken auf das Meer und nach Tinos verwöhnt. An Dörfern wie *Alamania* und *Chones* vorbei erreicht man den Ormos Korthion (Ormos – griech. Golf, Bucht). An seinem Strand liegt das idyllische Fischerdorf *Korthion*.

Der berühmte Hermes von Andros wurde nach einem Werk des Praxiteles geschaffen

Praktische Hinweise

Information

Touristeninformation, Andros-Stadt (Chora), Tel. 22 82 02 51 62, www.andros.gr

Andros Travel, Batsi, Tel. 22 82 04 12 52, Reiseagentur

Bus: Es gibt Verbindungen zwischen Batsi, Andros-Stadt und Gavrion. Infos: Tel. 22 82 02 23 16, www.ktel.org

Schiff: Es fahren Fähren von und nach Rafina sowie Tragflügelboote von und nach Piräus. Fähren legen in Gavrion an, die kleineren Tragflügelboote in Batsi.
Andros-Stadt Hafen: Tel. 22 82 02 22 50
Gavrion Hafen: Tel. 22 82 07 12 13
Piräus Hafen: Tel. 14 40
Rafina Hafen: Tel. 22 94 02 88 88

Hotels und Apartments

***__Aneroussa Beach__, Batsi, Tel. 22 82 04 10 44, Fax 22 82 04 14 44, www.aneroussabeach.gr. Südlich von Batsi über zwei ruhigen Buchten gelegen, stilvoll eingerichtete Zimmer mit Terrasse bzw. Balkon, z. T. mit Meeresblick.

***__Chryssi Akti__, Batsi, westlich vom Ortszentrum an der Uferstraße, Tel. 22 82 04 12 36, Fax 22 82 04 16 28, www.hotel-chryssiakti.gr. Renoviertes Hotel mit Pool, dessen 61 Zimmer Balkone zum Meer besitzen.

***__Paradise__, Andros-Stadt, an der Straße nach Messaria, Tel. 22 82 02 21 87, Fax 22 82 02 23 40, www.paradiseandros.gr. Altes, komfortabel modernisiertes Hotel, mit Garten, Swimmingpool und Tennisplatz sowie Busservice.

**__Egli__, Andros-Stadt, nahe der Hauptstraße, Tel. 22 82 02 23 03, Fax 22 82 02 21 59. Kleines Hotel mit 13 Zimmern in einem alten Patrizierhaus mit Dachgarten, 2007 frisch renoviert.

**__Karanassos__, Batsi, Tel. 22 82 04 14 80, Fax 22 82 04 16 20. Komfortable Zimmer mit Balkon. Fotos von vielen Stränden hängen mit Lageplan aus.

Oben: *Immer hereinspaziert: Der Mönch aus dem Kloster Panachrantou …*
Unten: *… zeigt den Besuchern gerne die reich geschmückte Ikonostase der Klosterkirche*

Likio-Studios, Batsi, Tel. 22 82 04 10 50, Fax 22 82 04 20 00, www.likiostudios.gr. Ruhig gelegene, geräumige Apartments mit Terrasse bzw. Balkon, 150 m vom Strand entfernt.

Restaurants

Parea, Platia Keri, Chora, Tel. 22 82 02 37 21. Von der Terrasse hat man einen schönen Blick über den Strand, den man bei griechischer Küche genießen kann.

Stamatis, Batsi, in der Straße oberhalb des Hafens, Tel. 22 82 04 12 83. Deftige griechische Küche in gemütlichem Speisesaal.

Ta Delfinia, Batsi, oberhalb des Hafens, Tel. 22 82 04 16 35. Griechische Speisen in ordentlichen Portionen.

3 Tinos

Plan Seite 31

Die Insel der wundertätigen Madonna zieht zahlreiche Pilger an.

Die mit 194 km² drittgrößte Kykladeninsel ist zugleich das größte *Wallfahrtsziel* des Archipels. Besonders am 25. März, Mariä Verkündigung, und am 15. August, Mariä Himmelfahrt, reißt der Pilgerstrom nach Tinos-Stadt nicht ab. Ziel ist das wundertätige Madonnenbild in der Wallfahrtskirche **Panagia Evangelistria**, die sich an

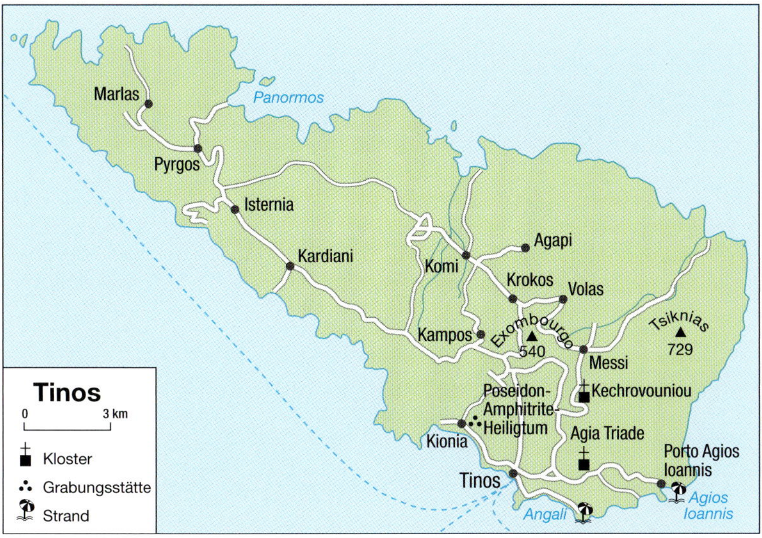

der höchsten Stelle des Ortes erhebt. Ihren zierlich durchbrochenen Glockenturm kann man schon bei der Einfahrt in den Hafen erkennen.

Wer vom Hafenkai Richtung Panagia Evangelistria die *Odos Evangelistria* entlangschlendert, entdeckt zwischen Goldschmuck und Badebällen, Pilgerkerzen und Naturschwammbündeln die Madonna in hundertfacher Ausführung.

Geschichte Ende des 2. Jahrtausends v. Chr. siedelten Ionier am südlichen Fuße des im Inselinneren gelegenen Steilfelsens *Exombourgo*. In der Seeschlacht von Salamis, 480 v. Chr., stand Tinos auf Athens Seite und trat nach Vertreibung der Perser aus der Ägäis dem Attisch-Delischen Seebund bei. Das bereits im 7. Jh. v. Chr. westlich der heutigen Stadt Tinos gegründete **Poseidon-Amphitrite-Heiligtum** entwickelte sich während des 3. Jh. v. Chr. zu einem Anziehungspunkt für Pilger aus der gesamten griechischen Welt.

Im Mittelalter wurde der markante Felsen Exombourgo von der venezianischen *Familie Ghizi* zu einer Festung ausgebaut. Diese war fast uneinnehmbar, sodass die italienischen und griechischen Verteidiger länger als alle anderen Kykladeninseln den Angriffen der Osmanen widerstanden. 1715 schließlich gelang den Türken doch noch die Eroberung des Eilands.

1823, während des **griechischen Befreiungskampfes**, hatte die orthodoxe Nonne Pelagia eine Vision, die zur Auffindung einer *Marienikone* führte. Diese wurde als von Gott gesandtes Zeichen für den griechischen Sieg angesehen. Wunderheilungen und Wallfahrten begannen, und von Spenden wurde die große Kirche Panagia Evangelistria errichtet, die bis heute Pilgerziel Hunderttausender orthodoxer Christen ist. Gut 100 Jahre später, am 15. August 1940, während der Feierlichkeiten zu Mariä Himmelfahrt, torpedierte ein italienisches U-Boot das im Hafen von Tinos ankernde griechische Kriegsschiff *Elli* und versenkte es, um der Forderung Mussolinis nach Stützpunkten auf griechischem Boden Nachdruck zu verleihen [s. S. 15]. 1971 wurde die *Nonne Pelagia* heilig gesprochen und Tinos zur heiligen Insel erklärt.

Tinos-Stadt (Chora)

In den Gassen rund um den Hafen von Tinos befinden sich einige Hotels und Restaurants. Die neuere breite Wallfahrtsstraße *Odos Megalochari*, die westlich der alten verläuft, führt auf dem Weg zur Marienkirche am **Archäologikó Moussío** (Tel. 22 83 02 26 70, Di–So 8.30–15 Uhr) vorbei. Die kleine Sammlung präsentiert überwiegend Funde aus Tinos, aus dem nördlich der Hauptstadt bei Tripotamos gelegenen *Heiligtum der Demeter* und dem bei Kionia angesiedelten *Heiligtum des Poseidon*. Zu den bedeutendsten Exponaten zählen die seltenen, über 2 m hohen, reliefgeschmückten Amphoren aus dem 7. Jh. v. Chr. mit mythologischen

Anziehungspunkt – das ganze Jahr über pilgern die Gläubigen zur weithin sichtbaren Wallfahrtskirche Panagia Evangelistria, in der eine wundertätige Marienikone verehrt wird

Darstellungen. Ein besonders schönes Stück zeigt Kampfszenen, Wagenrennen und am Vasenhals vermutlich die Geburt der Athene aus dem Zeushaupt.

TOP TIPP

Am Ende der Straße, oberhalb der Stadt, erhebt sich die klassizistische Wallfahrtskirche **Panagia Evangelistria** (Tel. 22 83 02 22 56, sommers Di–So 7–20, außerhalb der Saison Di–So 7–18 Uhr). Ziel der griechischen Pilger, von denen manche den Weg zur Kirche auf Knien rutschend zurücklegen, ist das wundertätige Madonnenbild, das 1823 dank einer Vision der Nonne Pelagia aus dem nahen Kloster Kechrovouniou unter den Überresten einer bereits im 10. Jh. abgebrannten frühbyzantinischen Kapelle entdeckt wurde. Noch im selben Jahr begann man an dieser Stelle mit dem Bau der Kirche, die sich alsbald zum meistbesuchten Wallfahrtsziel der Kykladen entwickelte. Über einen großen, von Zypressen umstandenen Hof sowie marmorne Freitreppen erreicht man die langgestreckte *Hauptfassade*, die durch die Arkadenreihen in den beiden Untergeschossen und die Fensterreihe im Obergeschoss an Palastarchitektur erinnert. Als Kirche ausgewiesen ist das Gebäude jedoch durch den typisch kykladischen durchbrochenen weißen Glockenturm. Hauptanziehungspunkt im **Innern** ist die in einem Glasschrein unter einem Marmorbaldachin aufbewahrte Marienikone, die als *Megalocharis*, als gnadenreiche Gottesmutter, verehrt wird. Vor lauter Gold und Juwelen – gespendet von Gläubigen – ist sie jedoch kaum noch zu erkennen. Von dem angeblich frühchristlichen Werk heißt es, Apostel Lukas persönlich habe es gefertigt und damit das authentische Bild Mariens geschaffen. Zweimal im Jahr, zu den großen Marienfesten, wird die Ikone in Prozessionen zum Hafen und zurück getragen. Zur Ausstattung der Kirche gehören weiterhin zahllose Votivtafeln. Sie bezeugen Hoffnung auf oder Dankbarkeit für die Genesung von einer Krankheit. Dargestellt sind die unterschiedlichsten Objekte vom Herz bis zum Haus, von der Brille bis zum Bettgestell.

Im untersten Geschoss, direkt über den Fundamenten des byzantinischen Baus, bezeichnet die *Auffindungskapelle* den genauen Fundort der Ikone. Hier fließt auch die heilige Quelle, die mit Grundsteinlegung der Wallfahrtskirche zu sprudeln begann. Taufkapellen und eine Gedenkstätte für die Opfer der Elli-

Versenkung sind in den Nachbarräumen untergebracht. Weiterhin kann man eine Gemäldegalerie europäischer Malerei, zwei kleine Kunst- und Geschichtssammlungen sowie eine Schule für byzantinische Musik besichtigen.

Rund um Tinos-Stadt

In der Umgebung von Tinos sind vor allem zwei Klöster sehenswert: Das östlich der Stadt gelegene **Moni Agia Triada** erreicht man über die Straße nach Porto Agios Ioannis. Schon nach wenigen Kilometern folgt der Abzweig zum Kloster, das heute nur noch von einem Aufseher bewohnt wird. Die Anlage, ein Komplex mehrerer verschachtelter Gebäude, wurde bereits um 1100 gegründet, stammt in ihrer heutigen Form aber aus der 2. Hälfte des 18. Jh. Neben einer geschnitzten Altarwand und Ikonen aus dem 18. Jh. faszinieren im **Inneren** der Klosterkirche vor allem durchbrochene *marmorne Oberlichter*, die mit geometrischen und floralen Ornamenten reich ausgeschmückt sind, z. T. aber auch figürliche Darstellungen zeigen. Weitere Beispiele dieser typisch tiniotischen Kunstfertigkeit findet

Mehr Palast als Kirche – die Panagia Evangelistria überrascht durch eine lang gestreckte palastartige Fassade, neben der der schlanke Glockenturm fast wie ein Fremdkörper wirkt

Oben: *Die Karfreitagsprozession von Tinos-Stadt führt von der Wallfahrtskirche hinunter zum Hafen*
Rechts: *Das in den Bergen gelegene Monastiri Kechrovouniou bietet den besten Blick über Tinos*

man in dem kleinen, dem Kloster angeschlossenen *Volkskundemuseum*. Interessant ist ferner die winzige Schule, in der die Mönche während der osmanischen Herrschaft griechische Kinder unterrichteten.

Von Tinos-Stadt führt eine schöne Panoramastraße in Serpentinen hinauf zum **Monastiri Kechrovouniou**, das im 10. Jh. gegründet wurde und heute noch von etwa 50 Nonnen bewohnt wird. Die weiße Klostersiedlung erinnert mit ihren Kapellen und Glockentürmen, den verwinkelten Gassen und Treppenwegen an ein Kykladendorf. Wegweiser führen zur fast lichtlosen, spartanisch eingerichteten Schlafzelle der *Nonne Pelagia*, die hier ihre Marienvision hatte [s. S. 32]. An dieser Stelle befindet man sich am höchsten Punkt des Klosters und hat eine herrliche Aussicht über die Insel.

Westlich von Tinos-Stadt liegen die umzäunten Überreste des **Poseidon-Amphitrite-Heiligtums** (Di–So 8.30–15 Uhr). Poseidon wurde auf Tinos als Gott der Heilkunst verehrt und zog in der Spätantike Pilger aus ganz Griechenland an, die sich hier Heilung versprachen. Obwohl älteren Ursprungs, stammen die heutigen Ruinen, spärliche Reste eines Tempels und anderer Gebäude, aus hellenistischer Zeit.

Die Umgebung von Tinos-Stadt bietet auch einige **Strände**. Während die stadtnahen Buchten *Agios Nikolaos* und *Angali* aufgrund ihrer Kiesstrände nur beschränkt Badefreude aufkommen lassen, wird es weiter östlich bei *Vyzantio* und *Agios Ioannis* richtig schön sandig. Auch westlich von Tinos-Stadt gibt es mehrere gute Bademöglichkeiten.

Der Inselnorden

Bei einer Fahrt in den hügeligen Inselnorden trifft man immer wieder auf weiße Dörfer, die aufgrund der umliegenden Marmorsteinbrüche und der noch heute dort tätigen Bildhauer auch **Marmordörfer** genannt werden. Die eigentliche Attraktion von Tinos sind jedoch die weißen **Taubentürme**, die man zahlreich in der grünen Landschaft entdeckt. Zwar gibt es auch auf anderen Inseln Taubentürme, doch die von Tinos gelten als die schönsten der Kykladen.

Ein landschaftlich reizvoller Ausflug führt über das Taubenturmtal bei Kampos in den Inselnorden zum Bildhauerdorf **Pyrgos**, in dessen Umgebung die Marmorsteinbrüche von Marlas liegen. Pyrgos selbst bietet typische Kykladenarchitektur, eine Platia mit zwei Tavernen und nördlich davon zwei kleine Museen: das *Museum Tiniotischer Künstler* (sommers tgl. 11–14 und 18–20 Uhr) mit Werken lokaler Bildhauer des 19. und 20. Jh. sowie das *Museum Chalepas* (sommers tgl. 11–14 und 18–20 Uhr). Untergebracht im ehemaligen Wohnhaus von Giannoulis Chalepas (1851–1938), zeigt es Arbeiten dieses tiniotischen Bildhauers. Im Ort gibt es eine Bildhauerschule, und in den Ladenateliers können Liebhaber der tiniotischen

Kunstvoll – geometrische Schmuckformen im Obergeschoss der Taubentürme

Paläste für Tauben

Auf den Kykladen wurden seit venezianischer Zeit **Taubentürme** errichtet, z. B. auf Andros, Sifnos und Mykonos, in besonders großer Zahl jedoch auf Tinos. Hier sind verstreut über die ganze Insel noch etwa 800 dieser sog. **Peristeriones** erhalten. Die **Venezianer** brachten die Taubenzucht Anfang des 13. Jh. aus Italien mit, weil sie auch fern der Heimat nicht auf das zarte Fleisch der Täubchen verzichten wollten, aber auch wegen des Taubenmists, der als Dünger die Fruchtbarkeit der Böden steigerte.

Das untere Geschoss dieser quadratischen, weiß gekalkten Taubentürme wurde meist als Lagerraum genutzt, das obere war das eigentliche Taubenhaus. Ein- und Ausfluglöcher für die Vögel gab es auf drei Seiten, nur die windanfällige Nordseite war geschlossen. Aufgrund der Größe und der feinen Verzierungen in der oberen Hälfte, kunstvoller **geometrischer Schmuckbänder**, die die Grundformen von Dreieck, Quadrat und Kreis variieren, waren die Türme eigentlich mehr Paläste als Häuser für die Tauben. Mit den Venezianern verschwand nach und nach auch die Taubenzucht wieder von den Kykladen, viele Türme verfielen. In den letzten Jahren jedoch wurden einige von ihnen aufwendig restauriert und zu Wohnungen ausgebaut.

Bildhauerkunst preisgünstig Kreationen der heimischen Künstler oder auch Kopien berühmter antiker Statuen erwerben.

Auf der Rückfahrt nach Tinos-Stadt lohnt ein Abstecher in die Felslandschaft um den historischen Burgberg **Exombourgo**. Er war bereits in der griechischen Frühzeit besiedelt, heute thronen die Reste einer Festung aus venezianischer Zeit auf dem 540 m hohen Felskegel. Sehr pittoresk schmiegen sich die Häuser des Dorfes **Volas** zwischen wuchtigen Felsbrocken an den Hang.

Praktische Hinweise

Information

www.tinos.gr

Tinos Mariner, Tinos-Stadt, gegenüber vom Fähranleger, Tel. 22 83 02 31 93, Fax 22 83 02 35 97, www.hellenicseaways.gr, Reiseagentur

Bus: Alle Inseldörfer werden angefahren, außerhalb der Hauptsaison nur morgens in Richtung Tinos-Stadt und abends in umgekehrter Richtung. Infos: Tel. 22 83 02 24 40, www.ktel.org

Schiff: Fährverbindung mit Piräus, Rafina, Syros, Andros und Mykonos.
Tinos Hafen: Tel. 22 83 02 23 48
Piräus Hafen: Tel. 14 40
Rafina Hafen: Tel. 22 94 02 88 88

Hotels und Apartments

*****Tinos Beach**, Kionia (3 km nordwestlich von Tinos-Stadt), Tel. 22 83 02 26 26, Fax 22 83 02 31 53, Büro in Athen Tel. 21 06 08 33 07, www.tinosbeach.gr. Großherberge, errichtet im kykladischen Stil, mit 164 Zimmern, 5 Suiten und 11 Apartments, Pool und Tennisplatz.

****Leandros**, L. Lamera 4, Tinos-Stadt, Tel. 22 83 02 35 45, Fax 22 83 02 43 90. Kleines gepflegtes Hotel am westlichen Stadtrand mit 11 geschmackvollen Zimmern und kleinen Balkonen.

****Myrtia**, Kionia, Tel. 22 83 02 48 17, Fax 22 83 02 58 90, www.myrtia-studios.gr. Angenehme Apartments direkt an der Uferstraße.

****Vyzantio Beach**, Agios Sostis, 5 km östlich von Tinos-Stadt gelegen, Tel. 22 83 02 24 05, Fax 22 83 02 24 22. Zehn komfortable Apartments oberhalb vom Strand. Von der Dachterrasse aus hat man einen schönen Blick auf den Hafen. Shuttlebus-Verbindung mit Tinos.

Annas Rooms, 700 m westlich von Tinos-Stadt (Richtung Kionia), Tel. 22 83 02 28 77, www.tinos.nl. Großzügige Apartments am Hang über dem Meer, griechisch-niederländische Besitzer.

Restaurants

Michalis, Georg L. Gafou 7, Tinos-Stadt, Tel. 22 83 02 34 98. Griechische Küche in reicher Auswahl.

Palaia Pallada, Tinos-Stadt, westlich der Wallfahrtsstraße, Tel. 22 83 02 35 16. Taverne mit ausgezeichneten Fischgerichten.

To Koutouki tis Eleni, Georg L. Gafou, Tinos-Stadt, Tel. 22 83 02 48 57. Lokal mit 7 Tischen. Neben typisch griechischer Küche werden hauseigene Spezialitäten und Retsina vom Fass serviert.

Quadratisch, rechteckig, rund – das im Norden von Tinos gelegene Bergdorf Pyrgos präsentiert typische Kykladenarchitektur

Der Osten – von religiösen und touristischen Heiligtümern

Das winzige Eiland **Delos**, Heimat von Apollon und Artemis, war einst das religiöse Zentrum der Kykladen und zog Pilger aus ganz Griechenland an. Drei der Inseln, die heute den größten Zulauf haben, sind Mykonos, Paros und Naxos. In unmittelbarer Nachbarschaft der antiken Kultstätte Delos ragt das landschaftlich karge **Mykonos** empor. Während der vergangenen Jahrhunderte eher unbedeutend, nahm das Eiland dank des touristischen Ansturms im 20. Jh. einen ungeahnten Aufschwung und wurde zum Inbegriff griechischer Inselträume. Heute lebt das vormals arme Mykonos nicht schlecht von dem Ruf, die längsten Strände und das heißeste Nachtleben weit und breit zu bieten. Die strahlend weiße *Chora* von Mykonos, überragt von vier alten Windmühlen, gehört zu den schönsten Kykladendörfern.

Weiter südlich liegen die beiden Marmorinseln Paros und Naxos. Auf **Paros** kann man die alten Stollen besichtigen, in denen der einst von den griechischen Bildhauern so geschätzte Marmor abgebaut wurde. Auf **Naxos** gibt es riesige *Kouroi* zu entdecken, Jünglingsstatuen, die unfertig im Gras lagern, als ob man sie vergessen hätte. Dank ihrer Strände zählen diese beiden Inseln zu den meistbesuchten. Wer es ruhiger mag, fährt ostwärts über das Meer, nach Amorgos oder zu den **Erimonisia**, den ›einsamen Inseln‹, die heute allerdings nicht mehr ganz so einsam sind.

4 Mykonos

Plan hintere Umschlagklappe

Tummelplatz der Reichen und Schönen.

Mykonos (85 km²) öffnete sich schon früh dem internationalen Tourismus. Den Bildungsreisenden, denen die Insel bereits Anfang des 20. Jh. als Sprungbrett zum antiken Kultort Delos diente, folgten alsbald allerlei Künstler und Lebenskünstler, angelockt von den langen Stränden und den ebenso langen Nächten. In den 1950er-Jahren war Mykonos Treffpunkt des Jetset, im Sommer tummelten sich hier Größen aus Kunst, Politik, Adel und Geldadel. Dank des Tourismus brachte es die vormals ärmliche Insel in den letzten Jahrzehnten zu beachtlichem Wohlstand.

Mykonos-Stadt (auch Chora), wo der überwiegende Teil der rund 7000 Inselbewohner lebt, gilt als eines der schönsten Kykladendörfer. Inmitten der verschachtelten Häuser und des labyrinthartigen Gassengewirrs kommen in den Sommermonaten Touristen aus aller Welt zusammen. Ob man nun tagsüber in einem der Altstadtcafés das muntere Treiben genießt oder nachts in den Diskotheken zu heißen Rhythmen tanzt, hier gilt nur eines: Sehen und Gesehen werden. Und wer die Chora überhaupt nicht mehr verlassen möchte, findet hier eine gute Alternative zu den modernen Hotels rund um den Ort. Manche Mykonioten haben die Untergeschosse ihrer würfelförmigen weißen Häuser zu kleinen

◁ *Ein antikes Marmortor und ein in allen Rottönen schimmernder Abendhimmel – romantischer Sonnenuntergang an der Portara in Naxos-Stadt*

Über den Dächern von Mykonos-Stadt: Von oben erscheint die Chora wie ein undurchdringbares Labyrinth verschlungener Gassen und verschachtelter Häuserwürfel

Die weißen Dörfer – überdimensionale Skulpturen

Die Kykladen sind bekannt für ihre weißen Dörfer, die einen Berghang emporwachsen wie die **Chora von Ios**, über einer steilen Felswand schweben wie **Thira auf Santorini** oder aber direkt am Meer liegen wie die **Chora von Mykonos**. Die Wohnhäuser, kleinere Kirchen und Kapellen dieser typischen Dörfer bestehen meist aus blockhaften Kuben mit flachen, tonnengewölbten oder überkuppelten Dächern. Miteinander verwoben und in mehreren Häuserreihen übereinander gestaffelt, wirken sie wie eine überdimensionale Skulptur, die man dank zahlloser verwinkelter Gassen und steiler Treppenwege auch von innen besichtigen kann.

Die Architektur der weißen Dörfer ist jedoch nicht nur schön, sie ist vor allem zweckmäßig. Sie hat sich über Jahrhunderte perfekt den geografischen und **klimatischen Bedingungen** der Inseln angepasst. Die Häuser bestehen aus dicken Bruchsteinmauern, die mit weißer Farbe überzogen werden. Der Putz schafft im Sommer angenehme Kühle und hält im Winter die Wärme in den Häusern. Einmal im Jahr, zumeist im Frühling, werden die Häuser mit einer neuen Kalkschicht versehen. Auch die Flachdächer der Wohnhäuser erfüllen auf den wasserarmen Inseln eine wichtige Funktion. Hier wird das Regenwasser gesammelt und in Zisternen weitergeleitet.

Apartments ausgebaut. Schöner kann man auf Mykonos kaum wohnen.

Geschichte Die Zeugnisse antiker Zeit sind eher gering. Nacheinander siedelten Karer, Ägypter, Phönizier und Ionier auf der kahlen und steinigen Insel. Nach den Perserkriegen wurde Mykonos Mitglied des **Attisch-Delischen Seebundes**, zahlte aber nur geringe Beiträge, ein Hinweis auf die Armut seiner Bewohner. Im Zuge der römischen Eroberungen gerieten die Kykladen im 2. Jh. v. Chr. in den Machtbereich Roms, Mykonos erlebte in der Folge eine Zeit der wirtschaftlichen Blüte. 88 v. Chr. jedoch überfiel der kleinasiatische Herrscher *Mithridates* das Eiland und verschleppte oder tötete seine Bewohner.

Die jahrhundertelange byzantinische Vormachtstellung im östlichen Mittelmeer fand im 13. Jh. ein Ende. Nachdem die Truppen des 4. Kreuzzugs 1204 Konstantinopel erobert hatten, machten sich die **venezianischen Kreuzfahrer** in der Ägäis breit, das Adelsgeschlecht der *Ghi-*

zi herrschte 1207–1390 auch über Mykonos. Bis 1537 gehörte die Insel zum Machtbereich der Republik Venedig, anschließend zu jenem der osmanischen Sultane, die den Mykonioten jedoch weitgehende Eigenständigkeit und Religionsfreiheit ließen. Man lebte in dieser Zeit vom Schiffsverkehr und von der Piraterie – und das offenbar nicht schlecht. Denn als 1821 der **griechische Freiheitskampf** begann, konnte Mykonos eine beachtliche Flotte zur Verfügung stellen.

Die Auswanderung und Entvölkerung der Insel, die mit dem wirtschaftlichen Niedergang Ende des 19. Jh. einsetzte, kam erst in unseren Tagen zum Stillstand, als sich Mykonos zu einem Hauptziel des Griechenland-Tourismus entwickelte.

TOP TIPP Mykonos-Stadt (Chora)

Nähert man sich der Chora von Mykonos vom Meer her, so erscheint sie vor dem mäßig ansteigenden Hügel wie ein weißer, vielfach gestaffelter Kristall. Keine Bausünde verstellt den Blick auf dieses Dorf, sodass die Harmonie der Kykladenarchitektur bis heute stimmungsvoll erhalten geblieben ist. Mit ihren weißen Häuserkuben und den blauen, rostroten oder braunen Holzgeländern und Fensterläden ist die Chora die eigentliche Sehenswürdigkeit der Insel. Vom breiten Uferkai in die Altstadt eintretend, vermeint man, sich in einem Labyrinth en-

Zwangsweise autofrei – in den schmalen Gassen der Altstadt ist der Esel immer noch ein gutes Fortbewegungsmittel

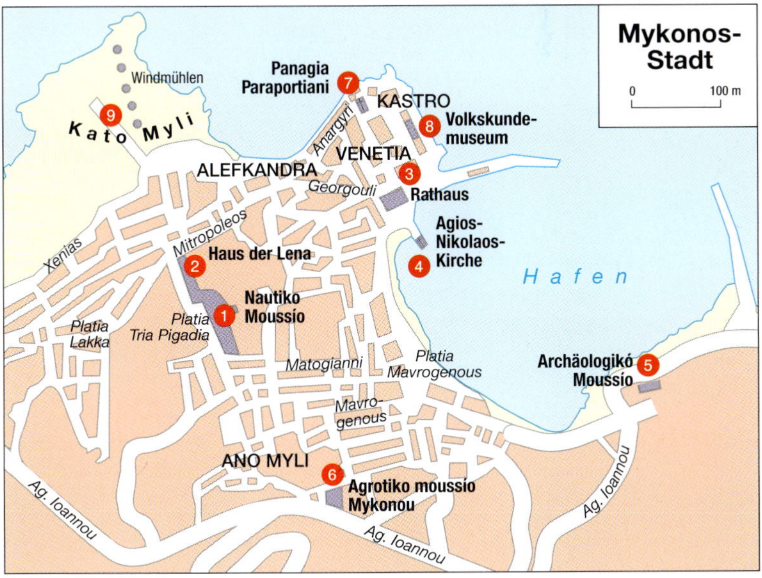

Wahrzeichen von Mykonos-Stadt: eine der vier Windmühlen

ger Gassen zu verlieren. Eine laute Umgehungsstraße nimmt den Autoverkehr auf, der Ort ist bis auf wenige Lieferfahrzeuge ausschließlich den Fußgängern vorbehalten, hin und wieder sieht man sogar noch Blumen- und Gemüsehändler, die ihre Waren mit Eseln durch die engen Gassen transportieren.

Noch immer sorgen die Hausbesitzer im Frühjahr für das rechtzeitige Weißen der Mauern, noch immer hocken Frauen auf den Straßensteinen und bemalen die Fugen mit weißer Farbe. In den Sommermonaten herrscht Tag und Nacht ein unglaublicher Trubel in Mykonos-Stadt. Wer die Altstadt in aller Ruhe genießen möchte, sollte den frühen Vormittag für einen Bummel nutzen, denn dann sind nicht die Urlauber, sondern die Einwohner in Aktion.

Audienz bei Petros II. – das Hafenviertel von Mykonos-Stadt ist das Revier des beliebten Pelikans

Das Zentrum der Chora bildet die *Platia Tria Pigadia* (›Drei-Brunnen-Platz‹) mit drei Ziehbrunnen, die noch bis in die 1950er-Jahre hinein die Altstadt mit Wasser versorgten. Hier befinden sich – von den zahlreichen Restaurant-Terrassen fast verdeckt – zwei unterhaltsame Museen. TOP TIPP Das **Nautiko Moussío** 1 (Tel. 22 89 02 27 00, April–Okt. Mo–Sa 18.30–21.30 Uhr), eines der reizvollsten zum Thema Seefahrt in Griechenland, präsentiert seine Exponate in einem alten Wohnhaus aus dem 19. Jh. mit schönem schattigen Garten. Unter den Ausstellungsstücken sind besonders die Schiffsmodelle sehenswert. Sie geben einen Überblick über griechische Schiffe von minoischer Zeit bis ins 19. Jh., u. a. ist das Modell einer *Trireme* ausgestellt, ein Schiffstyp, der in der Antike auf dem Mittelmeer verbreitet war. Historische Karten, Stiche und nautische Ausrüstungsgegenstände ergänzen die Sammlung. Direkt daneben, ebenfalls in einem etwa 200 Jahre alten Gebäude untergebracht, gibt das üppig mit Möbeln und Kunst ausgestattete **Haus der Lena** 2

(Tel. 22 89 02 23 90, April–Okt. Mo–Sa 18.30–21.30 Uhr) einen Einblick in ein Bürgerhaus des 19. Jh. Benannt ist es nach seiner letzten Besitzerin, Lena Skrivanou.

Über die *Mitropoleos-Straße* und weiter durch das Gassengewirr der Altstadt gelangt man zum Hafenrund. Hier sticht das **Rathaus** 3 wegen des auffälligen roten Ziegeldachs ins Auge, übrigens das einzige in diesem Viertel. Errichtet wurde das Gebäude im 18. Jh. als russisches Handelshaus. An der nahe gelegenen Mole gehen die Schiffe nach Delos ab. Zwischen dem Rathaus und der kleinen **Agios-Nikolaos-Kirche** 4 am Kai beliebt *Pelikan Petros II.* zu flanieren, das höchst lebendige Maskottchen von Mykonos. Zum Fotografieren stellt er sich gerne in Positur. Seine *Gattin Irini* bevorzugt im westlich benachbarten Kastroviertel einen stilleren Platz zum Ausruhen.

Im Hafenviertel, südlich vom Fähranleger gelegen, befindet sich das **Archäologikó Moussío** 5 (Tel. 22 89 02 23 25, Di–So 8.30–15 Uhr). Die Sammlung, untergebracht in einem klassizistischen Bau, beherbergt überwiegend Fundstücke aus der *Nekropole* der westlich von Mykonos gelegenen Insel *Rinia*, wo nach einem Gesetz aus dem 6. Jh. v. Chr. die Verstorbenen aus Delos bestattet werden mussten. In dem Gräberfeld entdeckte man vor allem schöne Keramik der geometrischen und archaischen Epoche. Glanzstück des Museums aber ist eine riesige, etwa 1,5 m hohe Amphore aus dem 7. Jh. v. Chr., die mit Reliefs des Trojanischen Krieges verziert ist, u. a. mit der Darstellung des Trojanischen Pferdes. Gefunden wurde die Vase auf Mykonos, hergestellt vermutlich auf der Nachbarinsel Tinos.

Frühwerk – archaische Amphore aus dem Archäologischen Museum mit Szenen aus dem Trojanischen Krieg

Ein weiteres Museum ist das **Agrotikomoussío Mykonou** 6 (April–Okt. Mo–Sa 18.30–21.30 Uhr), das Landwirtschaftsmuseum von Mykonos, oberhalb der Altstadt in *Ano Myli* gelegen. Es ist vor allem für Freunde alter Windmühlen interes-

Das Nautische Museum zeigt eine schöne Sammlung griechischer Schiffsmodelle von der Frühzeit bis ins 19. Jh.

sant. Anhand eines restaurierten Mahlwerks wird erläutert, wie die Mühlen einst funktionierten.

Alefkandra, *Venetia* (Klein-Venedig) und *Kastro* heißen die Ortsteile, die die Halbinsel nördlich der Hafenbucht einnehmen. Vom venezianischen Kastro (griech. Burg), das dem ältesten Viertel von Mykonos seinen Namen gab, ist heute nichts mehr erhalten. Die verwinkelten, unebenen Gassen aber reichen in ihrer Anlage noch ins Mittelalter zurück. Allerdings gibt es auch hier inzwischen Nachtlokale und Boutiquen.

Über der Spitze der Halbinsel erhebt sich strahlend weiß die Kirche TOP TIPP **Panagia Paraportiani** 7 (nur während des Gottesdienstes geöffnet), deren Name darauf hinweist, dass sie einst vor den Pforten der Burg stand. Das Gotteshaus, eine faszinierende, aus fünf ineinander verschachtelten Kapellen komponierte Anlage, ist eine viel bewunderte architektonische Rarität, einzigartig in Griechenland. Im Kern noch aus dem Mittelalter, erhielt sie ihre heutige Form durch Anbauten im 16. und 17. Jh. Zahllose Schichten weißer Kalkfarbe haben

Eigenwilliger Kirchenbau – die Panagia Paraportiani besteht aus mehreren verschachtelten Kapellen, die im Laufe der Jahrhunderte angestückt wurden

Die Cafés von Klein-Venedig üben wegen der herrlichen Aussicht auf den Windmühlenberg besonders gegen Sonnenuntergang eine magische Anziehungskraft auf die Urlauber aus

die Ecken und Kanten der Kirche im Laufe der Jahrhunderte gerundet und harmonisch zusammenwachsen lassen. Die Hauptkirche ist der Gottesmutter geweiht, der *Panagia Paraportiani*, die als Schutzpatronin der Insel verehrt wird. Der Bau strahlt zur Mittagszeit in reinstem Weiß mit blauen Schatten, bei Sonnenuntergang goldgelb mit farbigen Schattierungen von grün bis violett.

Schräg gegenüber der Panagia Paraportiani, im ehem. Wohnhaus eines Kapitäns, ist heute das **Volkskundemuseum** 8 (Tel. 22 89 02 25 91, April–Okt. Mo–Sa 16.30–20.30 Uhr) untergebracht. Es zeigt allerlei Kurioses und Rührendes, aber auch wertvolles Inventar, Küche und Schlafzimmer, eine Lampensammlung, Schiffsmodelle – vielfältige Erinnerungen daran, wie man vor der Epoche des Tourismus hier lebte.

In westlicher Richtung schließt sich das Stadtviertel *Alefkandra* (griech. *lefkos* – weiß) an, wo in längst vergangenen Zeiten der Wasch- und Bleichplatz der Fischerfrauen lag und sich heute ein Restaurant an das andere reiht. Noch weiter westlich gelangt man zum **Kato Myli** 9, dem Windmühlenberg. Dort kann man eine Reihe origi- naler, aber flügelloser Windmühlen besichtigen. Sie sind das Wahrzeichen von

TOP TIPP

Mykonos. Der Blick zurück auf die Stadt lässt das dicht an dicht mit dreistöckigen Häusern bebaute Ufer erkennen. Die vom Meer zugänglichen Untergeschosse der Gebäude hatten, wie man sagt, große Bedeutung beim Warenumschlag in den Zeiten der Seeräuberei. In den Uferrestaurants kann man neben den Drinks natürlich auch die traumhafte Aussicht genießen.

Das Inselinnere

Das karge, fast baumlose Inselinnere wird immer wieder durch große Granitfelsen akzentuiert, die die ansonsten etwas eintönige Landschaft beleben. Der Sage nach handelt es sich hierbei um Wurfgeschosse, die die Giganten im Kampf gegen die griechischen Götter einsetzten. Mykonos ist keine Insel der großen Entfernungen und eignet sich daher hervorragend für Fahrradausflüge – wenn man von den steilen Abstiegen zur Südküste hin absieht. Bei einer Fahrt über die Insel fallen immer wieder einzelne Gehöfte und Windmühlen ins Auge. Die roten Kuppeln der weißen Kirchen sorgen für farbliche Akzente.

Etwa 8 km östlich von Mykonos-Stadt liegt **Ano Mera**, einer der wenigen Orte im Inselinneren. In dem kleinen Bergdorf sind zahlreiche Ferienhäuser entstanden.

Treffpunkt des stark zersiedelten Ortes ist die von Tavernen umgebene Platia. Unter Eukalyptusbäumen und Bougainvilleen in allen Rot-Violett-Schattierungen findet man Erholung. Nahe des Dorfplatzes erheben sich die festungsartigen Mauern des im 16. Jh. gegründeten Klosters **Panagia Tourliani**. Der durchbrochene marmorne Glockenturm aus dem 19. Jh. ist im unteren Bereich mit Reliefs ausgeschmückt. Nicht immer steht das Kloster Besuchern offen. Am besten sind die Chancen für eine Besichtigung – angemessene Kleidung vorausgesetzt – im Laufe des Vormittags. Ein weiteres Kloster, das im 17. Jh. errichtete festungsartige **Moni Palaiokastron**, findet man außerhalb von Ano Mera, etwa 1 km in nordwestlicher Richtung.

Strände

Aufgrund seiner langen Sandstrände zählt Mykonos zu den bekanntesten und beliebtesten unter den Kykladeninseln. Die Uferabschnitte rund um Mykonos-Stadt sind mit zahlreichen Hotels und Ferienwohnungen versehen, dementsprechend groß ist der Andrang an den dortigen Buchten. Richtung Südosten nimmt die Anzahl der Unterkünfte ab, je weiter man sich von der Chora entfernt, desto ruhiger wird es. An einigen Orten wird ein breites Sport- und Unterhaltungsprogramm angeboten. Der Norden der Insel ist aufgrund der heftigen Winde, die dort im Hochsommer herrschen, besonders bei Surfern beliebt.

Verlässt man Mykonos-Stadt in südlicher Richtung, erreicht man bald den 150 m langen Sandstrand von **Megali Ammos**. Er liegt zwar direkt an der Straße, ist aber ausgesprochen beliebt und während der Hochsaison gut besucht. Über eine asphaltierte Straße ist die nach der kleinen Kapelle des hl. Johannes benannte Bucht von **Agios Ioannis** auf der Halbinsel Diakofti zu erreichen. Den 200 m langen, weißen Sandstrand säumen einige Tavernen. Von hier hat man einen schönen Blick hinüber nach Delos. Zurück geht es auf der Straße Richtung Mykonos-Stadt bis zu dem Abzweig, der auf einer kurzen Asphaltpiste nach Süden zum tief eingeschnittenen **Ormos Ornos** führt. Die Bucht (300 m) wird in erster Linie von den Gästen der hier angesiedelten Hotels besucht. Nahebei befindet sich ein Fischerhafen. Der im Norden gelegene Strand *Ormos Korfos* ist windanfällig und daher zum Baden eher nicht zu empfehlen.

Nur 2 km nordöstlich von Mykonos-Stadt liegt der kleine Ort **Tourlos**, der nicht nur bei ausländischen Urlaubern,

Die schöne Panagia Tourliani in Ano Mera besitzt einen filigranen Glockenturm, der im unteren Bereich mit Reliefs ausgeschmückt ist

Ansturm auf das Paradies – der beliebte Super Paradise Beach wird in den Sommermonaten scharenweise von Sonnenanbetern heimgesucht

sondern auch bei den Griechen selbst sehr beliebt ist. Viele Athener haben sich hier Ferienhäuser errichtet. Hotels und Apartments erstrecken sich am Steilhang und bieten stimmungsvolle Panoramen, besonders bei Sonnenuntergang. Der lange, aber schmale Sandstrand liegt unterhalb der Durchgangsstraße. Einen schöneren und breiteren Strand allerdings findet man in **Agios Stefanos**. Hier erwarten den Urlauber ein breites Sportangebot (Tretboote, Wasserski- und Surfbrettverleih) und einige gemütliche Tavernen und Cafés.

Die schönsten Badestellen von Mykonos befinden sich an der **Südküste** zwischen Psarou und Elia. Nur 4 km südlich von Mykonos-Stadt liegt der beliebte und belebte Strand **Platis Gialos**, der regelmäßig bis spätabends von Linienbussen angefahren wird. Hier haben sich zahlreiche Hotels und Restaurants angesiedelt. Aufgrund des flach abfallenden Ufers eignet sich dieser Küstenabschnitt besonders für einen Familienurlaub mit Kindern. Das Wassersportangebot ist groß. Die weiter östlich gelegenen Badeplätze sind von Platis Gialos aus am besten mit Booten zu erreichen. Die westlich angrenzende kleine Bucht von **Psarou** besitzt einen schönen, 200 m langen Sandstrand und ist touristisch gut erschlossen. Zum Sportangebot gehören Wasserski sowie Surf- und Tauchkurse. Östlich von Platis Gialos liegt die von Felsen eingefasste, 200 m lange Bucht von **Paranga**, die während der Saison ebenfalls von Booten angefahren wird, aber noch nicht so überlaufen ist wie ihre Nachbarn.

Von hier aus gelangt man in etwa 10 Min. zu Fuß zum **Paradise Beach**, es gibt aber auch Bus- und Bootverbindungen. Durch seine Länge von 400 m und die Schatten spendenden Tamarisken gehört der Sandstrand zu den attraktivsten und angenehmsten der Insel. Während der Hauptsaison ist er sehr gut besucht. In den 1970er- und 1980er-Jahren kamen vor allem Rucksacktouristen hierher, heute ist das Publikum bunt gemischt. Der benachbarte **Super Paradise Beach**, zu erreichen über eine Piste oder mit dem Boot, war einst Treff Homosexueller. Die tiefe felsumstandene Bucht mit ihrem breiten Sandstrand ist inzwischen die Badeversion der Love Parade, also ein Ort für alle, die im Urlaub Live Music und Beach Parties rund um die Uhr genießen wollen.

TOP TIPP

Im Gegensatz dazu geht es in **Agrari** eher beschaulich zu. Der breite, 500 m lange Strand bietet traumhaft viel Platz. Die Bucht ist mit dem Auto über die Verlängerung der Flughafenstraße zu erreichen. Nur 1 km östlich öffnet sich ein weiterer schöner, feinsandiger Strand, **Elia**. Er wird während der Saison von Booten und Bussen (über Ano Mera) angefahren.

Die Badeorte der **Südostküste** sind nicht weniger schön, durch ihre abseitige Lage aber wesentlich weniger stark besucht als jene der Südküste. Der von steinigen Bergen gerahmte, baumlose Sandstrand von **Kalo Livadi** bietet im Hochsommer nur wenig Schutz vor der Sonne. Genutzt wird er von den Gästen der Luxus-Apartments, die hoch oben am Berghang liegen, und von Tagesbesuchern.

Von Kalo Livadi aus führt eine Erdstraße zum kleinen, jenseits des Felsenkaps Dimasto gelegenen Strand von **Agia Anna**. Er ist besonders bei Tauchern und Schnorchlern beliebt. Die kleine Fischersiedlung am Kap bietet Ausflüglern einige einfache Tavernen zum Einkehren. Die benachbarte Bucht von **Kalafati** (600 m) ist an ihrem südlichen Ende sehr schmal, verbreitert sich dann aber in nördlicher Richtung. Tamarisken spenden ausreichend Schatten. Von Kalafati aus führt eine Piste über 100 m hinunter zur reizvollen, aber ungeschützten und daher häufig etwas windigen Bucht von **Lia**. Hier ist es eher ruhig. Eine Taverne sorgt für das leibliche Wohl der Badegäste.

Der tief eingeschnittene *Ormos Panormos* im **Norden** der Insel wird aufgrund der guten Windverhältnisse fast ausschließlich von Surfern besucht. Zu erreichen ist der Küstenabschnitt von Mykonos-Stadt aus über die Straße in Richtung Ano Mera. Nach wenigen Kilometern folgt ein Abzweig nach Marathi, der sich hinter der Ortschaft in eine Staubpiste verwandelt. Der Strand von **Panormos** mit seinen Sanddünen wird von roten Klippen gerahmt. Einige Kilometer weiter nördlich liegt die idyllische Bucht von **Agios Sostis**. Angesichts solcher Einsamkeit ist die kleine Taverne, die allerlei Leckereien bereithält, eine willkommene Überraschung. Am südlichsten Punkt des Panormos-Golfs, von der nach Ano Mera führenden Hauptstraße durch eine Stichstraße zu erreichen, erstreckt sich der Sandstrand von **Ftelia**, der von Felsen gerahmt wird. Er ist der Surf-Treff von Mykonos.

i Praktische Hinweise

Information

www.mykonos.gr

Cultural Center, Mitropoliti Andronikou, Mykonos-Stadt, Tel. 22 89 02 71 90 oder Tel. 22 89 02 71 91

Gats Travel, Platia Fabrika, Mykonos Tel. 22 89 02 24 04, Fax 22 89 02 48 14, www.gatstravel.com, Reiseagentur

Sunspots Travel, Platia Fabrika, Mykonos, Tel. 22 89 02 41 96, Fax 22 89 02 80 41, Reiseagentur

Bus: An der westlichen Busstation Fabrika/Agiou Louka fahren Busse nach Ano Mera und zu den Stränden Plati Gialos und Elia ab. An der östlichen Busstation, oberhalb vom Archäologischen Museum, fahren Busse nach Tourlos, Agios Stefanos, Elia, Kalo Livadi und Kalafati. Infos: Tel. 22 89 02 33 60, www.ktel.org

Flug: Flüge von und nach Athen. Auch Verbindungen mit Santorini. Mykonos Flughafen: Tel. 22 89 02 23 27 Athens International Airport: Tel. 21 03 53 00 00, www.aia.gr

Schiff: Es gibt Fährverbindungen mit Piräus und Rafina.
Mykonos Hafen: Tel. 22 89 02 22 18
Piräus Hafen: Tel. 14 40
Rafina Hafen: Tel. 22 94 02 88 88

Hotels und Apartments

TOP TIPP ******Cavo Tagoo**, Mykonos-Stadt, an der Küstenstraße nach San Stefano, Tel. 22 89 02 36 92, Fax 22 89 02 49 23, www.cavotagoo.gr. Moderner Hotelkomplex im Kykladenstil, dessen Gebäude stufenförmig über die Steilküste gebaut wurden. 67 geschmackvoll eingerichtete Zimmer mit Balkon und 5 Suiten. Großer Pool.

*****Petasos Town**, Mykonos-Stadt, oberhalb der Altstadt, Tel. 22 89 02 26 08, Fax 22 89 02 41 01, www.petasos.gr. Angenehmes Hotel mit modern eingerichteten Zimmern.

*****Psarou Beach**, Psarou Beach, Tel. 22 89 02 23 82, Fax 22 89 02 36 81, www.mykonos-psaroubeach.com. Kleines Hotel mit 25 Zimmern, nur wenige Schritte vom Strand entfernt.

*****Yiannaki**, Ornos Beach, Tel. 22 89 02 33 93, Fax 22 89 02 46 28, www.yiannaki.gr. Hotel mit 42 komfortablen Zimmern, Meerwasserpool und schöner Lage am Hang.

****Sunrise**, Agrari Beach, Tel. 22 89 07 22 01, Fax 22 89 07 22 03. Angenehmes kleines Hotel. Zugang zum Sandstrand durch einen Garten.

****Magas**, Mykonos-Stadt, 600 m in Richtung Platis Gialos, Tel. 22 89 02 71 09, Fax 22 89 02 38 12. Einfach, bequem und freundlich. Schöner, mit Blumen bepflanzter Innenhof. 19 Zimmer.

Restaurants

Eva's Garden, Odos Kalogera, Mykonos-Stadt, Tel. 22 89 02 21 60. Verfeinerte griechische Küche in reicher Auswahl, schmackhafte Salate, Lamm, Huhn und Flaschenweine.

Paraportiani, Mykonos-Stadt, Platia Agia Moni, Tel. 22 89 02 35 31. Fischgerichte bester Qualität. Hier kommt nur Frischfisch auf den Tisch. Der Koch versteht sich auch auf köstliche Soßen.

Ta Kiupia, Mykonos-Stadt, Platia Agia Moni, Tel. 22 89 02 28 66. Beliebtes Restaurant mit angenehmer Atmosphäre. Vor allem Fisch und Fleisch vom Grill sind hier zu empfehlen.

The Sesame Kitchen, Mykonos-Stadt, Platia Tria Pigadia, Tel. 22 89 02 47 10. Hier findet man zahlreiche leichte vegetarische Gerichte.

5 Delos

Plan Seite 50

Geburtsort des Gottes Apollon, eines der größten religiösen Zentren des antiken Griechenland.

Mit nur 3,6 km² gehört Delos zu den kleineren unter den Kykladeninseln, dank seiner kulturellen Bedeutung jedoch zu den meistbesuchten. Die antiken Überreste von Stadt und Heiligtum locken alljährlich Tausende von Gästen an. Die Blütezeit des felsigen, eher unwirtlichen Eilands, mythischer Geburtsort Apollons [s. S. 52], begann um 1000 v. Chr. mit der Errichtung des *Apollonheiligtums* durch ionische Siedler. In den folgenden Jahrhunderten entwickelte sich die Insel zu einem der wichtigsten **Kultzentren** Griechenlands und damit einhergehend zu einem bedeutenden **Handelsstützpunkt** zwischen Athen, Kreta und den griechischen Städten an der kleinasiatischen Küste. Es war gleichrangig mit Delphi, Olympia oder Mykene. Dass relativ wenig vom antiken Baubestand erhalten ist, hängt u. a. damit zusammen, dass Tempel und Wohnbauten durch die Jahrhunderte als Steinbruch für die Errich-

Passender Rahmen für einen Traumstrand – der Super Paradise Beach ist auf drei Seiten von steilen, jedoch schattenarmen Hügeln eingefasst

tung von Gebäuden auf den Nachbarinseln benutzt wurden.

Geschichte Die ältesten Siedlungsspuren auf Delos hinterließen Phönizier, kleinasiatische Karer und Mykener. Letztere wurden um 1000 v. Chr. von den Ioniern vertrieben, die vom griechischen Festland kamen und den Apollonkult mitbrachten. Das Heiligtum des Gottes erlebte einen raschen Aufschwung: Gesandtschaften, Pilger und Händler reisten aus ganz Griechenland an. Vom 7. bis zum 1. Jh. v. Chr. war die Insel religiöses Zentrum. Anfangs hatte Naxos die Vorherrschaft über Delos inne, doch schon bald bemühte sich auch Athen um Einflussnahme. 543 v. Chr. ordnete der athenische Tyrann *Peisistratos* zur religiösen ›Reinigung‹ die Verlegung aller Gräber auf die Nachbarinsel Rinia an. 477 v. Chr. wurde der **Attisch-Delische Seebund** gegründet. Dem Bündnis, das dem Schutz Griechenlands vor Übergriffen der Perser diente, schlossen sich auch die Kykladeninseln an. Athen ließ von Anfang an keinen Zweifel an seinem Führungsanspruch aufkommen. Zunächst spielte auch Delos noch eine wichtige Rolle innerhalb des Bündnisses, fanden doch hier die Versammlungen des Bundesrates statt. Als jedoch *Perikles* 454 v. Chr. die zuvor im Apollontempel aufbewahrte Bundeskasse nach Athen bringen ließ, sank die politische Bedeutung der Insel.

Eine neue wirtschaftliche Blüte erlebte das Eiland in hellenistischer und römischer Zeit. 314 v. Chr. erzielte Delos seine Unabhängigkeit von Athen, 166 v. Chr. wurde es von Rom zum Zollfreihafen erklärt. 25 000 Menschen sollen damals hier gelebt haben. 88 v. Chr. dann überfiel eine Flotte des pontischen Königs Mithridates VI. im Aufstand gegen Rom die Insel, sie wurde verwüstet, die Einwohner wurden getötet oder vertrieben.

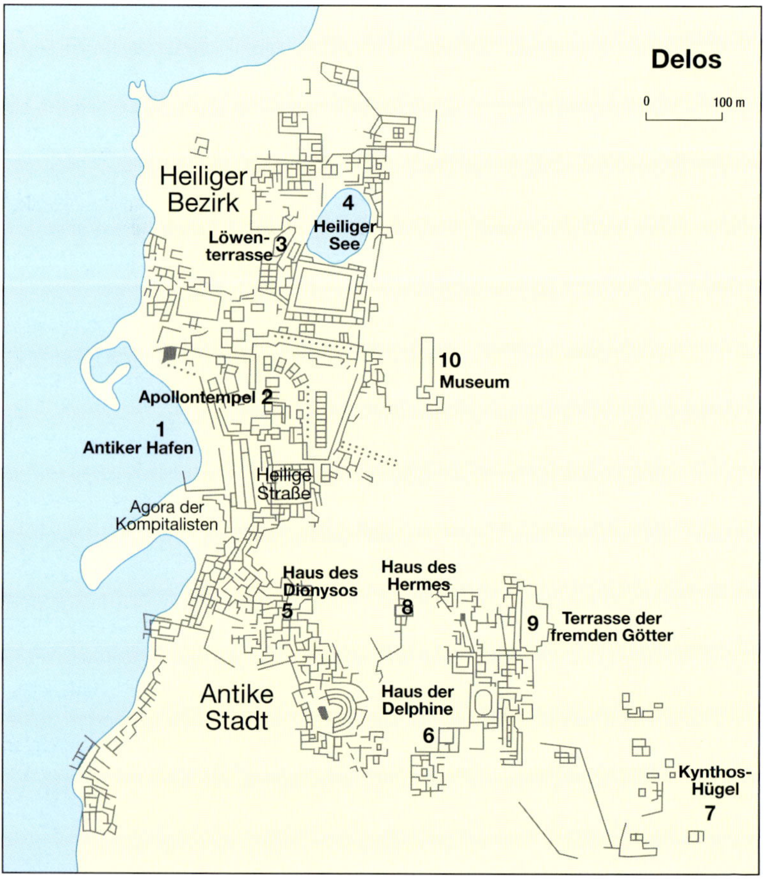

Wachablösung fällig? Nach über 2500 Dienstjahren wirken die stolzen Löwen von Delos etwas müde. Vier sind bereits abgetreten und die übrigen durch Kopien ersetzt worden

Alle folgenden Versuche, die Stadt wieder aufzubauen, blieben ohne Erfolg. Im 2. Jh. n. Chr. traf der weitgereiste *Pausanias* nur noch Tempelwächter an. 100 Jahre später hatte sich eine kleine christliche Gemeinde etabliert. 1873 wurden die ersten Ausgrabungen durchgeführt, und schon bald folgten die Kulturreisenden. 1990 wurde Delos zum Weltkulturerbe der UNESCO erklärt. Dennoch sind wichtige Bauten stark restaurierungsbedürftig, u. a. das Apollon-Heiligtum und die 72 m lange Säulenhalle des Makedonenkönigs Philipp II.

Besichtigung Das **Ruinengelände** (Tel. 22 89 02 22 59, Di–So 8.30–15 Uhr) erstreckt sich im Nordwesten der Insel. Südlich des *Antiken Hafens*, wo einst die Pilgerschiffe ankerten, befindet sich die heutige Anlegestelle. Die ersten Boote aus Mykonos (30-minütige Überfahrt) legen gegen 9 Uhr an, die letzten verlassen Delos gegen 15 Uhr. Für eine umfassende Besichtigung ist ein halber Tag jedoch sehr knapp bemessen.

Die Orientierung im Grabungsgelände ist nicht ganz einfach. Vom **Antiken Hafen** [1] aus führt der Rundgang zunächst über die *Agora der Kompitalisten*, benannt nach den ›Lares Compitales‹, den Schutzgöttern der Wegkreuzungen, und die *Heilige Straße* zu dem Apollon geweihten **Heiligen Bezirk** mit den spärlichen Resten verschiedener Tempel, der Löwenterrasse und dem Heiligen See. Von den drei **Apollontempeln** [2] sind heute nur noch die Fundamente erhalten. Der nördliche stammt aus dem 6. Jh. v. Chr. In seinem Inneren stand einst die berühmte, 8 m hohe Apollonstatue, die von den Bildhauern *Tektaios* und *Angelion* aus Ägina gefertigt wurde. Außerdem bewahrte man hier zwischen 477 und 454 v. Chr. die Kasse des Attisch-Delischen Seebundes auf. Mit dem Bau des südlichen, größten Tempels – er sollte die Bundeskasse aufnehmen – begann man unmittelbar nach der Gründung des Seebundes 477 v. Chr. Nachdem die Gelder der Mitglieder jedoch nach Athen abtransportiert und für den Bau des Parthenon zweckentfremdet worden waren, wurden die Bauarbeiten sofort eingestellt. Der mittlere Tempel entstand zwischen 425 und 420 v. Chr.

TOP TIPP Die 50 m lange, im 7. Jh. angelegte **Löwenterrasse** [3], der wohl bekannteste Teil des antiken Delos, säumte einst den Prozessionsweg, der vom Hafen zum Heiligen See führte. Von den ursprünglich vermutlich neun, aus naxischem Marmor gefertigten Löwenfiguren – es handelt sich um die *ältesten*

Obwohl auf Delos keine Prachtbauten mehr erhalten sind, beeindruckt die Grabungsstätte allein durch ihre Größe und die Fülle an Ruinen

monumentalen Tierplastiken Griechenlands – sind noch fünf als Kopien vorhanden (Originale im Museum [s. S. 53]), zwei weitere in Bruchstücken erhalten. Einer der delischen Löwen steht übrigens, allerdings kopflos, vor dem Arsenal in Venedig. Östlich der Löwenterrasse lag einst ein **Heiliger See** [**4**], der mythische Geburtsort des Apollon. Er wurde jedoch 1926 wegen Malariagefahr zugeschüttet.

Südlich vom Hafen befinden sich die Ruinen der **antiken Stadt**. Während die öffentlichen Bauten nur schlecht erhalten sind, vom Theater aus dem 3. Jh. v. Chr. z. B. blieben nur wenige Sitzreihen, verdienen die Bodenmosaike der Wohnhäuser aus hellenistischer und römischer Zeit besondere Erwähnung. Zu den schönsten Mosaiken im **Haus des Dionysos** [**5**] zählt die namengebende Darstellung

Eine schwere Geburt

Zeus, der Göttervater, hatte eine äußerst eifersüchtige Gemahlin, **Hera**. Sie brachte nur wenig Verständnis für seine zahlreichen Liebschaften auf und verfolgte die Rivalinnen rachsüchtig. Als die Göttin **Leto** Zwillinge von Zeus erwartete, war Heras Zorn besonders bedrohlich. Hatte doch ihre Großmutter **Gaía** ihr geweissagt, dass die Kinder, von Zeus und Leto größer und mächtiger werden würden als ihre eigenen. Hera befahl also, der schwangeren Leto keine Stätte zum Gebären zu gewähren, welche die Sonne je beschiene. Poseidon ließ daraufhin die schwimmende Insel **Delos** aus dem Wasser auftauchen, wohin Hermes Leto auf Zeus' Befehl brachte. Sie musste der Insel allerdings versprechen, dass ihr Sohn dort seinen ersten Tempel gründen werde.

Neun lange Tage und Nächte kämpfte Leto in den Wehen, während **Eileithya**, die Geburtsgöttin, von Hera fern gehalten wurde. Erst nachdem sie mit kostbarem, aus Mondstein gefertigten Schmuck bestochen worden war, eilte sie Leto zu Hilfe. Nun konnte sie endlich unter Palmen ihre Kinder zur Welt bringen, die Tochter **Artemis** und den Sohn **Apollon**. Überall auf dem kargen Delos fing es daraufhin an zu blühen. Und alles leuchtete golden.

des auf einem Tiger reitenden Dionysos. Das **Haus der Delphine** [6] ist nach dem Bodenmosaik im Innenhof benannt, das sich tummelnde Delphine zeigt.

Östlich der Handelsstadt liegt der **Kynthos-Hügel** [7], mit 112 m die höchste Erhebung der Insel. Von hier oben hat man den besten Blick nicht nur über die Ausgrabung, sondern – klare Sicht vorausgesetzt – über Delos hinaus bis nach Mykonos, Syros, Tinos, Naxos und Paros. Auch im **Kynthos-Viertel** kann man einige Wohnbauten besichtigen, z. B. das einst dreistöckige **Haus des Hermes** [8], das bis zum 1. Stock rekonstruiert wurde. Weiter östlich liegt die **Terrasse der fremden Götter** [9]. Seit hellenistischer Zeit wurden hier nichtgriechische Götter verehrt, u. a. syrische und ägyptische.

Zum Abschluss der Besichtigung lohnt der Besuch des **Museums** [10] (Tel. 22 89 02 22 59, Di–So 8.30–15 Uhr), das sich östlich des Heiligen Bezirks befindet. Ein Modell vermittelt einen guten Eindruck vom antiken Delos. Daneben präsentiert die Sammlung Funde aus den Ruinen, z. B. Mosaike und Wandmalereien sowie die Original-Löwen von der Terrasse. Weitere interessante Fundstücke werden im Athener Nationalmuseum aufbewahrt.

i Praktische Hinweise

Information

Schiff: Man erreicht Delos mit Caique-Booten von Mykonos aus.
Mykonos Hafen: Tel. 22 89 02 22 18

6 Paros

Plan hintere Umschlagklappe

Insel des Marmors, der weißen Dörfer und der schönen Strände.

Eine fruchtbare, sanft-hügelige Landschaft, weiße Dörfer, grünsilberne Olivenhaine und blühende Gärten prägen die mit 186 km² viertgrößte Insel des Archipels. Der in griechischer und römischer Zeit weithin geschätzte *Parische Marmor* sorgte bereits in der Antike für beträchtlichen Wohlstand. Heute leben die etwa 8000 Einwohner von Landwirtschaft, Fischfang und natürlich vom Tourismus. Das Hauptstädtchen **Parikia**, der Hafenort **Naoussa** und das Bergdorf **Lefkes** zählen zu den reizvollsten Kykladensiedlungen überhaupt. Die schönen Sandstrände vor allem an der Südküste, die angenehmen kleinen Badeorte sowie die guten Wandermöglichkeiten rund um den *Agios Ilias* (755 m) machen Paros heute zu einer der meistbesuchten Inseln der Kykladen.

Geschichte Bereits im 5. Jahrtausend v. Chr. war das in der Meerenge zwischen Paros und Antiparos gelegene winzige Eiland *Saliagos* besiedelt – alle drei Inseln waren damals noch miteinander verbunden. Gut 2000 Jahre später gehörte Paros zu den bedeutendsten Zentren der kykladischen Kultur, wie Funde *marmorner Idole* aus dem 3. und 2. Jahrtausend v. Chr. eindrucksvoll belegen. 1000 v. Chr. drängten die vom griechischen Festland kommenden **Ionier** auch nach Paros. Reiche Marmorvorkommen im Inselinneren sorgten ab dem 8. Jh. v. Chr. für einen raschen wirtschaftlichen Aufschwung. Schon bald, im 7. Jh. v. Chr., gründete Paros mehrere Kolonien, u. a. auf Thassos in der Nordägäis, und prägte mit dessen Gold eigene Münzen. Nach den Perserkriegen 477 v. Chr. trat die Insel dem **Attisch-Delischen Seebund** bei. Von allen Mitgliedern hatte sie

Die schlichte, von einer blauen Kuppel bekrönte Agii Konstantinos kai Eleni in Parikia

die größten Beiträge zu entrichten, ein deutlicher Hinweis auf ihren Wohlstand. Mit diesem hatte es aber bald ein Ende. Seit 146 v. Chr. herrschten die Römer auf Paros, und der Marmorexport lag in deren Händen.

Das Christentum hielt schon früh Einzug auf Paros. Aus frühchristlicher Zeit blieben in **Parikia** zwei Kapellen des 4. Jh. erhalten, die zwei Jahrhunderte später in die Ekatontapiliani-Kirche integriert wurden. In byzantinischer Zeit war die Insel immer wieder Seeräubern ausgeliefert. Viele Einwohner flüchteten damals nach Konstantinopel, die Bevölkerung nahm drastisch ab. Nach dem Zerfall des Byzantinischen Reiches gerieten die Kykladen in den Besitz der Venezianer. Von 1207 bis 1389 gehörte Paros zunächst dem von *Marco Sanudo* gegründeten Herzogtum Naxos an, anschließend verschiedenen venezianischen Dynastien. Diese wurden 1566 von den Osmanen abgelöst. 1770 wurde die Insel von Russen besetzt. Während des russisch-türkischen Krieges schlugen sich die Griechen in der Hoffnung auf Unabhängigkeit auf die Seite des Zarenreichs. Doch erst zu Beginn des 19. Jh. konnte die türkische Fremdherrschaft abgeschüttelt werden. Den 1821 beginnenden Freiheitskampf der Griechen unterstützten die Parier mit Schiffen und Soldaten, 1830 wurde die Insel dem neu gegründeten Königreich Griechenland eingegliedert.

Rückgriff auf die Vergangenheit: Der Burgwall in Parikia wurde in venezianischer Zeit unter Verwendung antiker Quader und Säulentrommeln errichtet

Parikia

Der Hauptort von Paros erstreckt sich entlang einer weiten Bucht an der Westküste der Insel. Das Hafenrund und die moderne Uferpromenade, die, gut bestückt mit Restaurants und Nachtklubs, am Abend so richtig zum Leben erwacht, wird vom *Kastroviertel* überragt. Mit seinen malerischen Gassen, den verwinkelten Häuserkuben sowie den zahlreichen weiß getünchten Kirchen ist der älteste Teil von Parikia ein besonders schönes Beispiel kykladischer Architektur. Vor allem am späteren Nachmittag lohnt der Spaziergang durch die Gassen von Kastro, denn von hier oben kann man herrliche Ausblicke über die Stadt sowie stimmungsvolle Sonnenuntergänge genießen.

Gleich am Hafen werden die Reisenden vom Wahrzeichen Parikias begrüßt, der alten **Windmühle**. Vom Fähranleger erreicht man über die *Platia Manto Mavrogenous* – benannt nach einer kykladischen Freiheitskämpferin – in etwa 10 Minuten das **Kastroviertel**. Die venezianische *Burg*, die der Altstadt ihren Namen gab, entstand 1260 unter großzügiger Verwendung von Spolien. Aus den heute noch erhaltenen eindrucksvollen Mauerresten, u. a. einem 10 m hohen Turm, schauen die riesigen Quader und Säulentrommeln antiker Tempel heraus. Seit Ende des 17. Jh. wird der Burghügel von der mit einer blauen Kuppel überwölbten Kirche **Agii Konstantinos kai Eleni** bekrönt.

Am nordöstlichen Rand der Altstadt, unweit vom Hafen, liegt die frühchristliche **Panagia Ekatontapiliani** (Tel. 22 84 02 12 43, www.ekatontapyliani.org, tgl. 7–14 und 16–20 Uhr, im Winter verkürzte Öffnungszeiten), eine der ältesten und bedeutendsten Kirchen der Ägäis. Ihr Name bedeutet *Die Hunderttorige*. Der Legende nach konnten bislang jedoch nur 99 Tore gezählt werden. Sobald man das 100. Tor findet, soll Konstantinopel wieder christlich werden.

TOP TIPP

Altehrwürdig – die Panagia Ekatontapiliani, die Hunderttorige, zählt zu den bedeutendsten Kirchenbauten der Kykladen

Das Gotteshaus, eine Kreuzkuppelkirche des 6. Jh., bezieht die beiden älteren Bauteile, die Agios-Nikolaos-Kapelle und das Baptisterium, harmonisch in den Gesamtkomplex mit ein. Im Laufe der Jahrhunderte erlebte die Kirche zahllose Umbauten und Veränderungen, besonders nach dem schweren Erdbeben von 1773. Erst bei der umfassenden Restaurierung 1959–66 bemühte man sich um die Wiederherstellung der ursprünglichen Gestalt. Damals wurde auch die weiße Kalkschicht am Außenbau entfernt und das Mauerwerk freigelegt. Die dreischiffige Hauptkirche mit Galerieumgang besitzt eine marmorne Altarwand mit Ikonen des 17. Jh., von denen die der *Panagia* auf der linken Seite besonders verehrt wird. Marmorne Stufen (Synthronon) und ein Bischofsthron in der Apsis wurden in frühchristlicher Zeit für Versammlungen des Klerus genutzt. Durch das linke Seitenschiff erreicht man den ältesten Teil der Anlage, die bereits im 4. Jh. auf den Fundamenten eines antiken Tempels errichtete **Agios-Nikolaos-Kapelle**. Der Überlieferung zufolge wurde sie von Helena, der Mutter Konstantins des Großen, gestiftet. Auch in den Apsiden der Kapelle gibt es ein Synthronon. Ebenfalls bereits im 4. Jh. wurde das **Baptisterium** errichtet, das vom rechten Seitenschiff abgeht. Das kreuzförmige Taufbecken ist in den Boden eingelassen. Lange Zeit wurden hier ausschließlich Erwachsene getauft, erst nach und nach setzte es sich durch, Taufen bereits im Kindesalter durchzuführen.

Angesichts der überaus prächtigen Ausstattung der Kirche ist das Fehlen eines Glockenturms erstaunlich. Die Kirchenglocken hängen an einer großen Zypresse. Im Hof nördlich des Gotteshauses blieben zwei **Marmorreliefs**, die einst vermutlich zu einem Dionysostempel gehörten, erhalten. Dargestellt sind zwei Satyrn. Eine byzantinische Legende deutet die beiden Figuren jedoch als *Ignatius*, den Baumeister der Ekatontapiliani, und *Isidor von Milet*, seinen berühmten Lehrer. Beide stürzten vom Dach des Gebäudes, als der Ältere den Jüngeren aus Eifersucht auf dessen Erfolg über die Kante stieß und selbst mitgerissen wurde. Eine sehenswerte Sammlung von mehr als 100 Ikonen (15.–19. Jh.), liturgischen Geräten und historischen Dokumenten zeigt das kleine *Byzantinische Museum* im südwestlichen Teil des Gebäudekomplexes.

Parischer Marmor – Werkstoff für Götterstatuen

In der Antike wurde auf mehreren Inseln der Kykladen Marmor abgebaut, auf Naxos, auf Tinos und – in unerreichter Qualität – auf Paros. Doch der **Marmor Lychnitis**, der bei Lampenlicht Gewonnene, wie man ihn aufgrund der in Griechenland unüblichen Gewinnung aus dem Untertagebau nannte, war extrem teuer. Nur die **berühmtesten Bildhauer** der griechischen Antike, unter ihnen Praxiteles, arbeiteten mit dem weißen, feinporigen Gestein. Sie schätzten es wegen seiner Transparenz. Marmor ist ein **kristalliner Kalkstein**. Der Parische Marmor ist ein Sonderfall: Er besteht hauptsächlich aus Kristallen mit nur geringen Kalkanteilen. Darum ist er der lichtdurchlässigste der Welt, 3,5 cm tief durchscheinend.

Auch heute noch wird auf Paros Marmor gebrochen, da sich der Abbau untertage jedoch finanziell nicht mehr rentiert, nur noch im Tagebau. Dieser Marmor ist von minderer Qualität und findet vor allem als Baumaterial Verwendung. Nahe Marathi können die alten, stillgelegten Stollen besichtigt werden.

Der Stoff, aus dem Bildhauerträume sind – Parischer Marmor, abgebaut im Norden der Insel

Der etwas andere Glockenturm – Zypresse im Innenhof der Panagia Ekatontapiliani

Das benachbarte **Archäologikó Moussío** (Tel. 22 84 02 12 31, Di–So 8–17 Uhr) präsentiert hauptsächlich Funde von den Inseln Paros, Antiparos und Saliagos. Das Hauptstück der Sammlung ist eine eher unspektakuläre, historisch aber höchst bedeutsame Steintafel mit einer 32-zeiligen Inschrift. Das Bruchstück ist Teil der **Parischen Chronik**, in der um 264/263 v. Chr. wichtige Ereignisse der griechischen Geschichte aufgezeichnet wurden – in einer allerdings nicht immer nachvollziehbaren Auswahl, z. B. fehlen in der Reihe der Feste die Olympischen Spiele. Der größte Teil des Inschriftensteins, Anfang des 17. Jh. im Kastro von Parikia entdeckt, befindet sich heute im Londoner British Museum. Weitere wichtige Exponate sind kykladische Idole, z. B. die ›Fette Frau von Saliagos‹ (4. Jahrtausend v. Chr.), und der Torso einer auf dem Kastrohügel gefundenen Statue der Siegesgöttin Nike (5. Jh. v. Chr.).

Lefkes und das Inselinnere

Die wichtigsten Orte von Paros, Hauptstadt *Parikia*, Hafenstädtchen *Naoussa* sowie *Lefkes*, sind durch Busse miteinander verbunden. Da die Entfernungen insgesamt nicht groß sind, bietet sich besonders das Inselinnere rund um Lefkes für Wanderungen an. Markierte Wanderwege gibt es allerdings kaum.

Wanderparadies – von saftigen Terrassenfeldern umgeben, erstreckt sich das Gebirgsstädtchen Lefkes an den Ausläufern des Agios Ilias

Auf der Straße von Parikia nach Lefkes zweigt nach etwa 5 km bei Marathi eine einfache Piste zu den **antiken Marmorsteinbrüchen** ab. Vom Parkplatz aus erreicht man in wenigen Minuten die rötlichen Felswände, in die Stollen zu den Marmoradern getrieben wurden. Mit rutschfesten Schuhen und einer guten Taschenlampe ausgerüstet, kann man den Einstieg zu den Stollen wagen, sollte wegen der Unfallgefahr aber nicht alleine gehen.

Lefkes, während der osmanischen Zeit Verwaltungssitz von Paros, liegt 10 km südöstlich von Parikia am grünen Hang des *Agios Ilias*. In einem Wettbewerb der schönsten Kykladendörfer hätte es beste Chancen, sich ganz weit vorne zu platzieren. Im alten Dorfkern findet man die typischen Kubenhäuser, enge Gassen, steile Treppen und an der Platia schattige Cafés. Auf einem Plateau erhebt sich weithin sichtbar die dreischiffige Basilika *Agias Trias*, die 1830 im Stil der Neorenaissance errichtet wurde – natürlich ganz aus Parischem Marmor, schließlich liegen die Marmorsteinbrüche nicht weit entfernt. Weiterhin sehenswert ist das kleine **Moussío Laikou Politismou tou Aigaiou** (Tel. 22 84 04 18 27, www.lefkesvillage.gr, sommers tgl. 9–20 Uhr, an der Hotelrezeption anmelden), das Museum ägäischer Volkskultur, das der Unternehmer und enthusiastische Sammler Giorgios Pittas seinem Hotel *Lefkes Village* angliederte. Anhand der Ausstellungsstücke, von der Weinpresse über Töpferware bis zum Kafenionstuhl, wird hier ein Einblick in das Leben auf einer Kykladeninsel gegeben, das 4000 Jahre lang von Landwirtschaft, Handwerk und Schiffbau geprägt war.

5 km südlich von Parikia liegt auf privatem Gelände **Petaloudes** (Juni–Sept. tgl. 9–18 Uhr), das Schmetterlingstal, zu erreichen mit Bus, Esel oder zu Fuß. In den Sommermonaten lassen sich jedes Jahr aufs Neue riesige Schwärme orangefarbener Schmetterlinge mit schwarz-weißgestreiften Flügeln in dem überaus fruchtbaren kleinen Tal nieder. Um die nachtaktiven Falter, die tagsüber bewegungslos in den Bäumen hängen, auffliegen zu sehen, sollte man möglichst am späteren Nachmittag kommen.

Naoussa und die Strände

Das Fischerdorf **Naoussa** liegt in einer weiten Bucht im Norden der Insel vor mäßig ansteigenden Hügeln. Heute lebt nur noch ein kleiner Teil der Bevölkerung vom Fischfang. Dank des pittoresken Hafens mit den bunten Booten, der weißen Architektur und der langen Sandstrände gehört der zweitgrößte Ort von Paros zu den beliebtesten und meistbesuchten

Zusammengerückt – in verschachtelten weißen Dörfern wie Lefkes wird äußerst Platz sparend gebaut

Ferienzentren der Insel. Dennoch kann man am frühen Vormittag gemächlich durch die malerischen Gassen hinter den Hafenkais spazieren. Der Hafen – hier blieben spärliche Reste eines venezianischen Kastells erhalten – und die Uferpromenade sind von Restaurants und Cafés gesäumt. Rund um die Altstadt liegen zahlreiche Hotelanlagen. Außerdem gibt es in Naoussa ein kleines *Byzantinisches Museum* (Sa/So 11–13 und 19–21 Uhr), das in der Kirche **Agios Nikolaos** eingerichtet worden ist. Seine Sammlung enthält byzantinische und postbyzantinische Ikonen.

In der weiten Bucht von Naoussa liegen die schönsten Badeplätze von Paros, in westlicher Richtung der mehrere hundert Meter lange, teils sandige, teils kieselsteinige Strand von **Kolymbithres** und nahe dem Leuchtturm am *Kap Korakas*, dem nördlichsten Punkt der Insel, jener von **Monastiri**. Hier springen Wagemutige von über 15 m hohen Felsen ins Meer. An beiden Orten gibt es ein breites Wassersportangebot sowie etliche Tavernen und Restaurants.

In östlicher Richtung geht es etwas ruhiger zu. Außerhalb von Naoussa, an der Naxos zugewandten Seite der *Langeri-Halbinsel*, liegt der Strand von **Agia Maria** mit wacholderbewachsenen Dünen. Dank des kräftigen Windes, der in der Meerenge zwischen Paros und Naxos weht, ist er bei Surfern beliebt. Es gibt hier sogar eine Surfschule.

Auch die **Ostküste** bietet einige angenehme Badeorte. Im Fischerstädtchen **Pisso Livadi** sind in den letzten Jahren etliche Unterkünfte entstanden. In den Sommermonaten kann es am kleinen Sandstrand allerdings recht voll werden. Im benachbarten **Longaras** mit einem 500 m langen Sandstrand bieten eine Surf- und eine Tauchschule Unterricht an. Die schönsten Bademöglichkeiten entlang der Ostküste findet man am 1 km langen, tamariskenbewachsenen **Chrissi Akti** (›Goldstrand‹) und an dem in derselben Bucht nördlich angrenzenden **Nea Chrissi Akti**, der zu den besten Surfrevieren der Insel zählt. An beiden Plätzen sind Hotels und Restaurants angesiedelt und natürlich Surfschulen mit Ausrüstungsverleih.

An der **Südküste** – zu erreichen über die hervorragend ausgebaute Höhenstraße – lohnen besonders der Strand von *Farangas* bei **Akrotiri** und die ruhige Bucht von **Aliki** einen Besuch. Ganz in der Nähe, beim Flughafen zwischen Aliki und Kambos, ist das kleine **Museum für traditionelle kykladische Kunst** (Mai–Sept. tgl. 10–14 Uhr) zu besichtigen. Die reizvolle Sammlung enthält Nachbildungen von Schiffen, Wind- und Wassermühlen des parischen Künstlers und Seemanns Benetos Skiadas.

i Praktische Hinweise

Information

Informationsbüro, Parikia, blau-weißer Kiosk am Hafen, Tel. 22 84 02 28 61, in der Saison tgl. von 9 bis 24 Uhr geöffnet

Informationsbüro, Parikia, im Rathaus, Tel. 22 84 02 12 00, www.paros.gr

Avra Travel, Parikia, an der Platia Aligarias, Tel. 22 84 02 49 68, Fax 22 84 02 49 69, www.avratravel.gr, Reiseagentur

Bus: Zwischen den größeren Dörfern bestehen gute Verbindungen. Fahrplaninfos am Fähranleger in Parikia oder unter Tel. 22 84 02 13 95, www.ktel.org

Flug: Flüge von und nach Athen.
Paros Flughafen: Tel. 22 84 09 12 57
Athens International Airport:
Tel. 21 03 53 00 00, www.aia.gr

Schiff: Es gibt Fährverbindungen u. a. mit Piräus und Rafina.

Parikia Hafen: Tel. 22 84 02 12 40
Piräus Hafen: Tel. 14 40
Rafina Hafen: Tel. 22 94 02 88 88

Hotels und Apartments

TOP TIPP ****Lefkes Village, Lefkes, Tel. 22 84 04 18 27, Fax 22 84 04 23 98, in Athen Tel. 21 06 74 84 70, Fax 21 06 75 50 19, www.lefkesvillage.gr. Moderne Hotelanlage in der Art eines Kykladendorfes über mehrere Ebenen erbaut. Stilvoll eingerichtete Zimmer, gutes Restaurant, Swimmingpool und Privatmuseum [s. S. 57].

****Porto Paros, Agios Ioannis, Naoussa, Tel. 22 84 05 26 69, Fax 22 84 05 32 98, www.hotelportoparos.gr Das luxuriöse Hotel bietet 199 Zimmer und Suiten, mehrere Restaurants und Bars, Tennis- und Volleyballplätze sowie einen großzügigen Privatstrand.

***Bungalows Svoronos, Naoussa, Tel. 22 84 05 14 09, Fax 22 84 05 22 81. Apartmenthäuser in ruhiger Lage für 2–4 Personen, stilvoll eingerichtet. Umgeben von einem schönen Garten.

***Margarita's House, Naoussa, Tel. 22 84 05 10 20, Fax 22 84 05 26 00, www.margaritashouse.gr. Zimmer, Studios und Apartments in schöner Anlage oberhalb des Piperi-Strandes, mit Pool.

Oben: *Urlaubsfreuden auf Paros: Der feinsandige Strand von Longaras ist selbst im Hochsommer noch nicht überlaufen*
Unten: *Der malerische Hafen von Naoussa bietet sich für eine gemütliche Rast an*

***Pandrossos, Parikia, Tel. 22 84 02 29 03, Fax 22 84 02 29 04, www.pandrossoshotel.gr. Oberhalb des nördlichen Strandes gelegen. Man sollte ein Zimmer mit Meeresblick reservieren, mit Bar und Cafeteria.

**Paros Bay Hotel, Parikia, 2,5 km außerhalb, Tel. 22 84 02 11 40, Fax 22 84 02 33 86, www.parosbay.gr. Schöne Lage über der Sandstrandbucht, mit Swimmingpool.

**Polos Hotel, Parikia, nördlich vom Stadtzentrum, Tel. 22 84 02 21 73, Fax 22 84 02 43 32, www.poloshotel.gr. Kleines, einfach ausgestattetes Hotel im Stil der Kykladenarchitektur, mit Garten.

Restaurants

Ambrosia, Parikia, Livadia, Tel. 22 84 02 51 12. Diese Taverne bietet griechische und anatolische Küche.

Apostolis, Parikia, Livadia, Tel. 22 84 02 42 65. Taverne mit Meeresfrüchten und einer Vielzahl von regionalen Köstlichkeiten im Angebot.

Argonauta, Parikia, Platia Manto Mavrogenous, Tel. 22 84 02 14 40, www.argonauta.gr. Hotelrestaurant mit guter griechischer Küche. Auch das Frühstück ist zu empfehlen.

Boudaraki, Parikia, am Ende der Hafenpromenade, Tel. 22 84 02 22 97. Etabliertes Restaurant mit Fisch, Meeresfrüchten und Ouzo.

Christos, Naoussa, Tel. 22 84 05 14 42, www.christos-restaurant.gr. Schönes Gartenlokal mit gutem Service und exzellenter griechischer Küche.

Dionysos, Parikia, östlich der Platia Manto Mavrogenous, Tel. 22 84 02 23 18. Diese Taverne mit Weinlaube im Garten

bietet typisch griechische Küche und einen guten Hauswein.

Happy Green Cows, Parikia, Tel. 22 84 02 46 91. Originell eingerichtete Taverne mit internationaler ungewöhnlich gewürzter vegetarischer Küche.

Levantis, Parikia, nahe Market Street, Tel. 22 84 02 36 13. Intimes Restaurant in einem weinumrankten Innenhof mit griechischer Küche und Jazzmusik.

Por Phyra, Parikia, Livadia, in der Nähe des alten Friedhofs, Tel. 22 84 02 34 10. Bewährtes Restaurant mit hervorragender griechischer Küche in freundlicher Atmosphäre. Meeresfrüchte und Fisch.

Symposium, Parikia, südwestlich der Ekatontapiliani-Kirche, Tel. 22 84 02 41 47. Kleines Café mit schöner Terrasse und einem reichen Frühstücksangebot, u. a. Croissants und Crêpes.

Kaum zu glauben, dass dieses oft so ruhig erscheinende Meerwasser die bizarren Gesteinsformationen in der Bucht von Kolymbithres geschaffen hat

7 Antiparos

Plan hintere Umschlagklappe

Die kleine Schwester von Paros – für alle, die Ruhe und Erholung suchen.

Die Insel Antiparos (35 km^2) war noch in der Jungsteinzeit durch eine Landbrücke mit Paros verbunden. Die meisten Besucher des Eilands sind Tagesausflügler, die von Parikia oder dem näheren Küstenort Punta übersetzen, um einen Abstecher in die Unterwelt zu unternehmen. Die Tropfsteinhöhle *Spilion Agiou Ioannou* ist eine der meistbesuchten im höhlenreichen Griechenland. Immer mehr Gäste kommen aber auch, um sich hier einzuquartieren, denn Antiparos bietet schöne Strände, die noch weitgehend unberührt vom Tourismus sind. Die rund 600 Bewohner leben größtenteils im Fischerdorf Antiparos (Kastro), der einzigen Inselortschaft. Hier stehen den Touristen auch ausreichend Zimmer in Hotels und Privatunterkünften zur Verfügung.

Vom Schiffsanleger gelangt man über die schnurgerade Dorfstraße direkt ins autofreie Zentrum von **Antiparos**. An der Platia erhebt sich die im 16. Jh. errichtete *Agios Nikolaos*, eine weißblau getünchte Kreuzkuppelkirche. Der von Tavernen gesäumte Platz ist Treffpunkt der Einheimischen und der Besucher. Von hier ist es nicht weit zur *venezianischen Festung* (1440), nach der die Ortschaft auch Kastro genannt wird. Die im Quadrat angelegten, eng beieinander stehenden Gebäude besitzen starke Mauern mit nur kleinen Schießschartenöffnungen. Obwohl größtenteils vom Verfall bedroht, ist das Kastro teilweise noch bewohnt. Außerdem ist ein alter Wachturm erhalten, allerdings nur bis zu einer Höhe von 4 m.

Hauptsehenswürdigkeit von Antiparos ist die im Süden der Insel gelegene Tropfsteinhöhle des hl. Johannes, TOP TIPP **Spilion Agiou Ioannou** (tgl. 10–15.30 Uhr, außerhalb der Saison wird schon früher geschl.). Der Ausflug zur Höhle kann von Kastro (9 km) mit dem Bus, dem Boot (von der Anlegestelle 30-minütiger steiler Aufstieg zum Höhleneingang) oder zu Fuß unternommen werden. Entscheidet man sich für eine Wanderung entlang der Ostküste, sollte

In Kastro, dem einzigen Ort auf der Insel Antiparos, findet man gleich mehrere schattige Plätze, um der größten Mittagshitze zu entgehen

man frühzeitig aufbrechen, um die Höhle während der Öffnungszeiten zu erreichen. Vom Eingang führen Treppenstufen etwa 90 m in die Tiefe. Berühmte Besucher wie Lord Byron und König Otto I. ritzten ihre Namen in die Höhlenwände zwischen die Stalagmiten und Stalaktiten.

Schöne **Strände** gibt es auf Antiparos zuhauf, die in den Sommermonaten gut besuchten von Kastro und die ruhigeren, teilweise noch einsamen in anderen Teilen der Insel. An der Nordspitze z. B. findet man feinsandige Strände in der *Bucht von Theologos*, an der Westküste begeistern vor allem die Strände von *Livadia* und *Agios Georgios*, an der Ostküste die *Buchten von Psaralikes*, *Glifa* und *Soros*. Die meisten von ihnen haben Tavernen zu bieten, einige auch Unterkünfte. Im Sommer sind sie auch per Boot zu erreichen.

Im Westen von Antiparos liegen drei unbewohnte Inseln, die von archäologischem Interesse sind: Despotiko, Tsimintiri und Strongylo. Bei den Ausgrabungen wurde u. a. eine heilige Stätte aus dem 7. Jh. v. Chr. freigelegt, die vermutlich dem Gott Apollon geweiht war. Man erreicht die Insel Despotiko morgens von Agios Georgios aus mit einem Boot.

i Praktische Hinweise

Information

Travel Agency Cave, Kastro, am Hafen, Tel. 22 84 06 11 96, Fax 22 84 06 13 76

Schiff: Es gibt Fährverbindungen von Paros (Parikia und Punta) nach Kastro.
Antiparos Hafen: Tel. 22 84 06 14 85
Parikia Hafen: Tel. 22 84 02 12 40

Hotels

****Artemis**, Kastro, Tel. 22 84 06 14 60, Fax 22 84 06 14 72, www.artemisantiparos.com. Kleine Hotelanlage am nördlichen Ende der Bucht, schöne Zimmer mit Balkon.

****Kouros Village**, Kastro, Tel. 22 84 06 10 84, Fax 22 84 06 14 97, in Athen Tel. 21 02 01 42 18, Fax 21 08 06 29 57, www.kouros-village.gr. Komfortable einstöckige Häuser um einen Swimmingpool gruppiert, hübsche Terrasse.

8 Naxos

Plan hintere Umschlagklappe

Die größte Insel des Archipels ist eines der alten Zentren kykladischer Kultur.

Naxos (448 km²) zählt zu den größten touristischen Zentren der Inselgruppe, ist aber nicht so überlaufen wie Mykonos oder Paros. Die meisten Urlauber tummeln sich in **Naxos-Stadt**, wo auch 5000 der rund 15 000 Inselbewohner leben. Eine reizvolle Altstadt, ein *Archäologisches Museum* mit einer außerordentlichen Sammlung kykladischer Idole und das monumentale *Marmortor* eines antiken Tempels lohnen allein schon den Aufenthalt auf Naxos. Doch auch außerhalb der Chora (griech. Hauptort einer Insel) hat das Eiland viel zu bieten: eine abwechslungsreiche Gebirgslandschaft mit grünen, fruchtbaren Tälern und reizvollen Dörfern sowie zahlreiche bedeutende byzantinische Kirchen und Klöster. Unter den Zeugnissen der Antike beeindrucken besonders die liegenden ›Riesen‹, *überlebensgroße Marmorstatuen*, die man nur auf Naxos finden kann. Nicht zuletzt bieten die Küsten – vor allem im Westen, aber auch im einsamen, schwer zugänglichen Osten – verlockende Strände.

Geschichte Um Naxos ranken sich zahlreiche Mythen. So soll der junge, auf Kreta geborene **Zeus** in einer Höhle unterhalb des Gipfels des *Zas* (neugriechisch für Zeus) aufgewachsen sein. Bei einem Ausflug zu dem mit 1001 m höchsten Berg der Kykladen kann die göttliche Behausung besichtigt werden. Damit nicht genug, auch seinem Sohn **Dionysos**, dem Gott des Weines und der Ekstase, ist die Insel heilig. Auf Naxos vereinigte er sich mit Ariadne, einer kretischen Prinzessin, die von ihrem Verlobten Theseus schlafend am Strand zurückgelassen worden war.

So weit die Legenden. Historisch gesichert ist die Besiedlung der Insel am Ende des 4. Jahrtausends v. Chr. Zahlreiche Funde, darunter die überaus bedeutenden *Marmoridole*, bezeugen das Entstehen einer eigenständigen **kykladischen Kultur**, die mit dem Auftreten der Minoer und Mykener ab der Mitte des 2. Jahrtausends v. Chr. verschwand. Ihre größte Blüte erlebte die Insel zwischen dem 8. und 6. Jh. v. Chr. Von den großen Zerstörungen durch die Perser 490 v. Chr. erholte sich Naxos indes nicht mehr. Auch als Mitglied des Attisch-Delischen Seebundes konnte es die Führung Athens nicht verhindern.

Erst anderthalb Jahrtausende später, 1207, erlebte Naxos einen neuerlichen Aufschwung, als der Venezianer *Marco Sanudo* die Insel zur Residenz seines **Her-**

Ein Ständchen für die Urlauber – hier greift der Wirt persönlich zur Busuki

zogtums Naxos machte. Von der bis heute erhaltenen Burg aus herrschten er und seine Nachfolger bis 1566 über zwölf Kykladeninseln, u. a. Syros und Paros. Später folgten die Osmanen, der Freiheitskampf und 1830 das neue Königreich Griechenland.

Naxos-Stadt (Chora)

Plan Seite 63

In einer weiten Ebene an der Nordwestküste gelegen, ist Naxos-Stadt die größte Ortschaft und zugleich das Touristenzentrum der Insel. Schon bei der Einfahrt in den Hafen nimmt man die wichtigsten Sehenswürdigkeiten wahr, das Marmortor des Apollontempels auf der vorgelagerten Halbinsel Palateia, die kleine auf einer Insel im Hafenbecken gelegene Kirche **Panagia Myrtidiotissa** 1 und natürlich das labyrinthartige Häusermeer der Altstadt, die von einer venezianischen Burg bekrönt wird.

Vom Hafenviertel aus geht es durch die Altstadt bergauf, über verschlungene Gassen und Treppenwege erreicht man das Viertel **Kastro** 2 mit der 1207 von Marco Sanudo errichteten venezianischen Burg. Einst war die Festung von einer 3 m hohen Wehrmauer und sieben Wachtürmen umgeben, heute sind hiervon nur noch spärliche Mauerreste sowie ein Turm erhalten. Im Schutz der Befestigungsanlage entstanden im Laufe der Zeit 19 prächtige Herrenhäuser, von denen ein Teil in den letzten Jahren vorbildlich restauriert wurde. Man achte auf die Wappen der venezianischen Adelsfamilien über den Portalen. Am höchsten Punkt des Burgviertels erhebt sich die schlichte **Katholische Kathedrale** 3, die im 13. Jh. als dreischiffige Basilika angelegt und im 17. Jh. um zwei Schiffe erweitert wurde. Sehenswert ist im Inneren eine ganzfigurige Marienikone aus dem 13. Jh.

In der Nachbarschaft liegt das einstige *Jesuitenkloster*, dem ein Internat angeschlossen war. 1869 wurde hier der junge *Nikos Kazantzakis* (Autor von ›Alexis Sorbas‹) unterrichtet – bis ihn der Vater abmeldete, besorgt, der Sohn könnte zu starkem Einfluss katholischer Priester ausgesetzt werden. Heute ist hier

TOP TIPP

das **Archäologikó Moussío** 4 (Tel. 22 85 02 27 25, Di–So 8–17 Uhr) untergebracht, ein absolutes Muss für Freunde kykladischer Kunst. Neben Keramik, Schmuck und Mosaiken von der mykenischen bis zur hellenistischen Zeit besitzt das Museum die zweitgrößte Sammlung *kykladischer Marmoridole* nach dem Museum für kykladische Kunst in Athen. Die meisten der hier ausgestellten Stücke stammen aus Naxos, aus *Aplomata* und *Kamini*, den Friedhöfen der frühen Siedlung *Grotta*.

Unterhalb der Burg liegt in nördlicher Richtung das ehemalige jüdische Viertel **Evraiki** mit teilweise von den Bewohnern verlassenen und verfallenen Häusern. Das angrenzende Viertel **Bourgos** 5 ist bekannt für seine große Anzahl orthodoxer Kirchen und Kapellen. Die meisten der etwa 40 Gotteshäuser befinden sich jedoch in Privatbesitz und sind daher verschlossen. Besichtigt werden kann die aus dem 18. Jh. stammende orthodoxe Kathedrale **Zoodochos Pighi** 6, die im Innern eine marmorne Ikonostase mit interessanten Ikonen bewahrt. Ganz in der Nähe befindet sich unter einer Glaskonstruktion ein **Grabungsareal** 7, auf dem die Reste einer antiken Siedlung besichtigt werden können.

Von der Altstadt erreicht man in wenigen Minuten die auf der Halbinsel Palateia nördlich des Hafenbeckens

TOP TIPP

gelegene **Portara** 8, das monumentale, 6 m hohe *Marmortor*. Dieses Wahrzeichen von Naxos-Stadt gehörte einst zu einem riesigen antiken Tempel, den der Tyrann *Lygdamis* im 6. Jh. v. Chr. für Apollon errichten lassen wollte. Nach dem Tod des Bauherrn blieb der Tempel jedoch unvollendet. Spätere Jahrhunderte nutzten den antiken Bau

Impressionen aus Naxos-Stadt
Oben: *Farbenprächtiger Innenhof*
Mitte: *Blick auf die Chora von der vorgelagerten Halbinsel Palateia aus*
Unten: *Verwinkelte Altstadtgasse*

SPIELZEUG
BRIEFMARKEN
AGIOS NEKTARIOS
KASTELL

Die Wiederentdeckung der kykladischen Marmoridole

Das Entstehen einer **eigenständigen Kultur** auf den Kykladen in der Bronzezeit führte im Laufe des 3. Jahrtausends v. Chr. zu einem ersten Höhepunkt griechischer Kunst. In den **Gräbern** frühzeitlicher Siedlungen, besonders auf den Inseln Naxos, Paros, Tinos und Amorgos, entdeckte man zahlreiche aus Marmor gefertigte **Idole**. Die Größe der Fundstücke reicht von wenigen Zentimetern bis zu Lebensgröße. Die schlanken, meist weiblichen Figuren sind auf **geometrische Formen** und **Linien** reduziert, sie haben einen auffallend langen Hals und einen großen, ovalen, leicht nach hinten geneigten Kopf. Die Beine, die verschränkten Arme, die Brüste sowie die Gesichtszüge sind nur angedeutet. Von dieser typischen Form weichen die seltenen männlichen Idole ab, z. B. der **Stehende Flötenspieler** und der **Sitzende Harfenspieler**, die man auf Keros fand und heute im Museum für kykladische Kunst in Athen ausgestellt werden. Über die Bedeutung dieser Marmoridole als **Grabbeigaben** kann man bis heute nur Vermutungen anstellen, über die frühzeitlichen Bestattungsrituale ist noch zu wenig bekannt. Mit dem zunehmenden minoischen und mykenischen Einfluss auf die Kykladen im Laufe des 2. Jahrtausends v. Chr. fand die eigenständige Kykladenkultur ein Ende. Als Kunstwerke wieder entdeckt wurden die Marmoridole im frühen 20. Jh., als sich moderne Künstler, so z. B. **Pablo Picasso** und **Henry Moore**, von der Einfachheit und der auf das Wesentliche reduzierten Formensprache für das eigene Kunstschaffen inspirieren ließen.

Inspiration für Picasso und Co. – bronzezeitliches Marmoridol aus dem Athener Kykladenmuseum

als Steinbruch und nahmen alles mit bis auf das Tor, das einst ins Allerheiligste des Tempels (Cella) führte und heute am frühen Morgen oder zur Zeit des Sonnenuntergangs im schönsten Licht erstrahlt.

Inselrundfahrten

Landschaftliche Vielfalt, eine faszinierende Bergwelt und fruchtbare, landwirtschaftlich intensiv genutzte Täler, aber auch stimmungsvolle Dörfer, außergewöhnliche antike Stätten und bedeutende byzantinische Kirchen und Klöster machen den Reiz des Inselinneren aus.

Von Naxos-Stadt führt eine gut ausgebaute Straße über *Galanado* Richtung Chalki. Nach etwa 10 km folgt ein Abzweig nach *Ano Sangri*. Von hier sind es nur wenige Minuten bis zu den umzäunten Überresten eines **Demetertempels** aus dem 6. Jh. v. Chr. Der Tempel wurde anhand der Fundstücke teilweise rekonstruiert. Rund um die Ausgrabung gibt es zwischen Ölbäumen und Zypressen schöne Plätze für eine Rast.

Bei Ano Sangri gelangt man erneut auf die Hauptstraße, die sich nun kurvenreich auf die Tragea-Hochebene schlängelt. Hinter der Ortschaft *Chalki* führt ein Abzweig nach **Filoti**, einem weißen Städtchen, das, umgeben von Olivenhainen, wunderschön am Hang

TOP TIPP

des Berges **Zas** liegt. 4 km östlich zweigt ein Weg nach Danakos ab. Der Abzweig (Busstopp Agia Maria) ist Ausgangspunkt für die nicht allzu schwere, auch ungeübten Wanderern zu empfehlende Besteigung des höchsten Inselberges (1,5 Std., den roten Punkten und

Pfeilen folgen). Für die Anstrengungen wird man mit einem Blick über Naxos und die umliegenden Inseln belohnt. Am Nordwesthang des Zas liegt auf etwa 600 m Höhe versteckt die **Höhle**, in der Zeus aufgewachsen sein soll. Da die Besichtigung nicht ungefährlich ist, sollte man den Einstieg nicht ohne starke Taschenlampe und nicht alleine wagen.

Auf der Hauptstraße geht es weiter nach **Apiranthos**, einem auf 650 m Höhe gelegenen Bergdorf, das erstaunlich viele Sehenswürdigkeiten zu bieten hat. Neben zwei venezianischen Wohntürmen aus dem 17. Jh. wartet es gleich mit drei Museen auf. Das *Geologische Museum* und das *Volkskundemuseum* sind in Privatbesitz und haben unregelmäßige Öffnungszeiten. Das *Archäologikó Moussío* (Tel. 22 86 09 12 46, Di–So 8.30–15 Uhr) präsentiert eine kleine Sammlung kykladischer Keramik und Idole sowie prähistorischer Steinplatten mit Ritzzeichnungen. Apiranthos ist außerdem ein Kunsthandwerker- und Künstlerdorf. Man kann hier z. B. Webarbeiten erwerben. Weil der Berg- und Talblick prächtig ist, fehlt es in der Ortschaft zudem nicht an Café- und Restaurantterrassen.

Nach **Apollonas**, einem winzigen Fischerdorf im Inselnorden, führt eine wenig befahrene, streckenweise ziemlich schmale Höhenstraße. Ziel der meisten Besucher ist der *antike Marmorsteinbruch* oberhalb der Ortschaft, denn dort gibt es den über 10 m langen Marmorrohling

Oben: *Malerisch – zu Füßen des höchsten Inselberges Zas erstreckt sich Filoti*
Unten: *Tor zur antiken Welt – die mächtige Portara ist das einzige Überbleibsel des Apollontempels von Naxos-Stadt*

einer männlichen Gestalt zu bewundern. Ein **Kouros**, eine Jünglingsstatue, sollte aus diesem Werkstück vor etwa 2500 Jahren entstehen. Doch Fehler im Marmor führten dazu, dass man die Figur unvollendet liegen ließ. Wegen des Bartansatzes wird der Marmorriese auch als Dionysos gedeutet.

Auf der asphaltierten Panoramastraße oberhalb der Nord- und Westküste geht es zurück nach Naxos-Stadt.

Eine zweite Rundfahrt führt ein weiteres Mal Richtung Chalki, an der ersten Straßengabelung außerhalb von Naxos-Stadt muss man links nach Potamia abbiegen. Die Straße durchquert eine bizarre Felslandschaft aus steil aufragenden Kegeln, die an kappadokische und syrische Landstriche erinnert. Nahe der Ortschaft *Tsikkalario* erreicht der mächtigste dieser Felskegel eine Höhe von 400 m. Ganz oben errichteten die venezianischen Herzöge von Naxos im 13. Jh. eine Burg, **Apano Kastro**. Von ihr sind nur noch Ruinen erhalten, der Aufstieg lohnt dennoch wegen des herrlichen Ausblicks.

Von hier ist es nicht mehr weit nach **Chalki**, dem Zentrum der *Tragea-Hochebene*. Dieses fruchtbare, von drei Seiten durch hohe Berge abgeschlossene Tal ist durch weite Olivenhaine und terrassierte Weinberge geprägt. In Chalki und Umgebung kann man einige alte byzantinische Kirchen besichtigen – meist allerdings nur von außen, denn sie sind größtenteils verschlossen. An der Durchfahrtsstraße in Chalki liegt die **Panagia i Protothronos** (10. Jh.), deren Fresken sich in einem schlechten Erhaltungszustand befinden. Interessiert man sich für Ikonen, so sollte man im gegenüberliegenden Kafenion nach dem Schlüssel für das kleine *Byzantinische Museum* nebenan fragen. Hier werden alte Ikonen sowie Teile einer Ikonostase gezeigt.

TOP TIPP Die älteste und bedeutendste Kirche der Insel, **Panagia Drossiani**, liegt in nördlicher Richtung nahe dem Bergdorf Moni. Das im Kern aus dem 6. Jh. stammende Gotteshaus fasziniert

Oben: *Puzzle für Archäologen – da die vorhandenen antiken Stücke für den Wiederaufbau des Demetertempels nicht genügen, müssen große Teile rekonstruiert werden*
Unten: *Der Unvollendete – der nur grob bearbeitete Kouros liegt in den Marmorsteinbrüchen bei Apollonas*

Auch in der größten Bergeinsamkeit des Zas stoßen Wanderer immer wieder einmal auf kleine Kirchen und Kapellen

durch eine einzigartige Baugestalt: Aufgrund des schmalen Platzes an einem Hang wurden später drei Kapellen an der Seite diagonal angefügt. Die Fresken im Inneren der Hauptkirche stammen teilweise noch aus der Erbauungszeit und gehören damit zu den ältesten byzantinischen Wandmalereien überhaupt. Erstaunlich lebendig wirkt die Darstellung der Muttergottes Panagia in der linken Apsis. Falls die Kirche geschlossen ist, sollte man an der Glocke läuten.

Von Moni geht es auf der gut ausgebauten Panoramastraße wieder Richtung Meer. Etwa 3 km hinter Kinidaros führt links eine ausgeschilderte Abzweigung zu den antiken Marmorsteinbrüchen von Flerio, wo im 6. Jh. ein weiterer Marmorriese unvollendet zurückgelassen wurde. TOP TIPP Der **Kouros von Flerio** – bereits ziemlich weit ausgearbeitet – ruht heute in einem blühenden Garten, der sich in Privatbesitz befindet. Die Familie freut sich jedoch immer über Besucher und hat ein kleines Kafenion eingerichtet. Der über 6 m großen Statue fehlt der linke Fuß, und das rechte Bein ist gebrochen. Sie hat langes Haar, weshalb man vermutet hat, dass sie zu Ehren des Gottes Apoll geschaffen werden sollte.

Strände

Die schönsten Badeplätze der Insel liegen an der Westküste südlich von Naxos-Stadt. Bis zum Strand von Plaka verläuft die Küstenstraße, alle südlicher gelegenen Punkte sind nur über Stichstraßen zu erreichen. Die stadtnahen, in den Sommermonaten meist gut besuchten Buchten von *Agios Georgios*, *Agios Prokopios* und *Agia Anna* bieten gute Wassersportmöglichkeiten. In den letzten Jahren entstanden hier etliche Hotels und Apartmenthäuser. Im Süden schließen sich die Strände von *Plaka*, *Mikri Vigla*, *Kastraki* und *Pirgaki* an, wo es noch ruhiger zugeht.

i Praktische Hinweise

Information

Attika Reisen, Naxos-Stadt, in der kleinen Straße Iraklia nahe der Platia Protodikiou, Tel. 22 85 02 52 55, Reiseagentur mit kompetentem Personal, das Büro ist jedoch nur unregelmäßig besetzt.

Tourist Info Centre, Naxos-Stadt, beim Fähranleger, Tel. 22 85 02 45 70, Fax 22 85 02 52 00, Reiseagentur

ZAS Travel, Naxos-Stadt, gegenüber dem Fähranleger, Tel. 22 85 02 33 31, Fax 22 85 02 34 19, Reiseagentur

Bus: Es gibt gute Verbindungen zwischen allen größeren Inselorten, Fahrpläne und Abfahrt am Fähranleger. www.ktel.org

Flug: Flüge von und nach Athen.
Naxos Flughafen: Tel. 22 85 02 32 92
Athens International Airport:
Tel. 21 03 53 00 00, www.aia.gr

Schiff: Es gibt Fährverbindungen u. a. mit Piräus und Rafina.
Naxos-Stadt Hafen: Tel. 22 85 02 23 00
Piräus Hafen: Tel. 14 40
Rafina Hafen: Tel. 22 94 02 88 88

Hotels und Apartments

*****Proteas Apartments**, Stelida/ Agios Prokopios, Tel. 22 85 02 61 34, Fax 22 85 02 33 28, www.hotelproteas.com. Komfortanlage in kykladischer Würfel- und Bogenarchitektur, mit Swimmingpool und schönem Meeresblick.

****Asteria**, Naxos-Stadt, Agios Georgios, Tel. 22 85 02 30 02, Fax 22 85 02 23 34, www.hotelasteria.com. Angenehmes Strandhotel mit schöner Frühstücksterrasse.

****Chateau Zevgoli**, Naxos-Stadt, unterhalb vom Kastro, Tel. 22 85 02 52 01, Fax 22 85 02 52 00, www.chateau-zevgoli.gr. Liebevoll eingerichteter Hotelkomplex, der begrünte Innenhof hat eine schöne Terrasse. Nur Frühstück.

****Galini**, Naxos-Stadt, Agios Georgios, Tel. 22 85 02 21 14, Fax 22 85 02 26 77, im Winter: Tel. 22 85 02 25 16, www.hotelgalini.com. Schöne Lage direkt am Strand, älteres Gebäude mit neuerem Anbau. Freundlich und ruhig.

****Grotta**, Naxos-Stadt, Grotta, Tel. 22 85 02 22 15, Fax 22 85 02 20 00, www.hotelgrotta.gr. Das Hotel besticht durch seine Lage hoch über dem Meer. Alle Zimmer mit Terrasse und Meerblick.

****Stella**, Agia Anna (Plaka), Tel. 22 85 04 25 26, Fax 22 85 04 25 26, www.stella-apartments-naxos.gr. Kleine Anlage mit Zimmern und Apartments, einfache Ausstattung, nur durch eine Erdstraße vom breiten Plaka-Strand getrennt.

◁ *Naxos begeistert durch seine landschaftliche und kulturelle Vielfalt*
Oben: *Die Panagia Drossiani zeugt von frühem Christentum auf den Kykladen*
Mitte: *Die blühende Frühlingswiese lädt zu ausgedehnten Wanderungen ein*
Unten: *Der Kouros von Flerio blieb nach Materialfehlern unvollendet*

Restaurants

Axiotissa, Kastraki, Tel. 22 85 07 51 07. Außergewöhnliche griechische Küche, der Koch achtet auf ökologisch einwandfreie Zutaten. Gute Fischgerichte.

Boulamatsis Restaurant und Ouzeri, Naxos-Stadt, an der Hafenpromenade, Tel. 22 85 02 42 27. Einfache, gut zubereitete Gerichte, eine reiche Auswahl an *Mesedes*, Vorspeisen. Vom Balkon hat man einen schönen Hafenblick.

Irini's, Naxos-Stadt, an der Hafenpromenade, Tel. 22 85 02 67 80. Große Auswahl an griechischen Gerichten, auch im Winter geöffnet.

Lefteris, Apiranthos, Tel. 22 85 06 13 33. Taverne mit griechischer Küche im Bergdorf auf einem Hügel inmitten von Weinbergen.

Dionysos – von Piraten entführt

Delos ist die Insel der Geschwister Apollon und Artemis, auf Naxos aber verehrt man Dionysos. Der **Gott des Weines, der Fruchtbarkeit und der Ekstase**, so erzählt Homer, war in Gestalt eines gut gewachsenen Jünglings unterwegs nach Naxos, als Piraten ihn auf ihr Schiff lockten. Als Sklaven wollten sie ihn verkaufen oder ein Lösegeld erpressen. Doch Dionysos entkam ihnen fast spielerisch, ohne direkte Gewalt, nur mit der Kraft der Reben: Plötzlich legte sich der Wind, **Weinstöcke** überwucherten das Deck, die Masten und Segel, die Trauben hingen auch im Haar des göttlichen Jünglings, und wilde Tiere spielten zu seinen Füßen. Die **Seeräuber**, heißt es, fielen in Furcht und Wahnsinn, sprangen ins Meer und wurden zu Fischen. Vasenbilder zeigen Dionysos auf seinem Weinschiff, wie er heiter nach Naxos segelt. Selten ging in der jahrtausendelangen Not mit den Ägäis-Piraten eine Entführung so glücklich aus. Auf Naxos heiratete Dionysos schließlich auch Ariadne, eine Fruchtbarkeitsgöttin.

Lucullus, Naxos-Stadt, Old Market Street, Tel. 22 85 02 25 69. Älteste Taverne (gegründet 1908) der Chora, klein und gemütlich.

Meltemi, Naxos-Stadt, am Hafen, Tel. 22 85 02 26 54. Griechische Fischspezialitäten im ›Sommerwind‹ (Meltemi).

Pigi, Ano Potamia, Tel. 22 85 03 22 92. Gartentaverne mit griechischer Küche an einer Quelle (›Pigi‹) gelegen.

Scirocco, Naxos-Stadt, Tel. 22 85 02 59 31. Typisch griechische Küche an einem Platz mit Springbrunnen. Abends besonders schön. Guter Service, gute Küche.

The Old Inn, Naxos-Stadt, im Nordwesten der Altstadt, Tel. 22 85 02 60 93. Griechische Küche, aber auch Schnitzel und Bratkartoffeln in einem großen Innenhof mit altem Baum. Musikbegleitung.

To Kastro, Naxos-Stadt, am Kastro. Ausgezeichnete griechische Küche, Terrasse mit schönem Blick auf Hafen und Altstadt. Der Besitzer spricht deutsch.

9 Amorgos

Plan hintere Umschlagklappe

Das lang gestreckte Eiland mit seiner wilden Gebirgslandschaft bietet reizvolle Wanderwege.

Das 120 km² große Amorgos liegt am südöstlichen Rand der Kykladen. Die Insel ist rund 30 km lang, an ihrer schmalsten Stelle aber nur 2 km breit. In der Mitte türmt sich der wild zerklüftete *Profitis-Ilias-Berg* auf, eine natürliche Barriere für Reisende früherer Tage. Sie mussten eine beschwerliche Wanderung auf sich nehmen, um in den anderen Inselteil zu gelangen. Heute kann man auf der Asphaltstraße, die von **Katapola** den Gebirgskamm entlang zum *Ormos Aegiali* führt, die gesamte Insel bequem bereisen. Die meisten der rund 1500 Bewohner leben im Süden, in der Hafenstadt Katapola oder in **Amorgos-Stadt** (Chora), der Norden ist wesentlich dünner besiedelt.

Geschichte Trotz seiner Randlage war Amorgos im 3. Jahrtausend v. Chr. ein wichtiges Zentrum der Kykladen. Unter den zahlreichen **Marmoridolen**, die man hier fand, war auch eine fast lebensgroße weibliche Figur, die sich heute im Athener Kykladenmuseum befindet. In dieser Zeit erlebte die Insel ihre größte Blüte. Als Mitglied des **Attisch-Delischen Seebundes** im 5. Jh. v. Chr. hatte Amor-

Noch höher hinaus ging es nicht mehr – die weißen Würfelhäuser der Chora von Amorgos reichen bis zu den senkrecht aufsteigenden Wänden eines markanten Bergkegels

Beschauliches Hafenstädtchen Katapola – selbst wenn die großen Fähren anlegen, geht es im kleinen Fischerdorf eher ruhig zu. Die meisten Urlauber fahren gleich weiter zur Chora

gos allerdings einen der geringsten Beiträge zu entrichten – nicht gerade ein Zeichen für üppigen Wohlstand.

Im 9. Jh. n. Chr. errichteten Mönche aus Palästina an einer steilen Felswand im Südosten von Amorgos das Kloster Chosoviotissa – den wohl architektonisch kühnsten Klosterbau der gesamten Ägäis. Im Jahr 1207 nahmen die Venezianer auch Amorgos in Besitz. Aus dieser Zeit stammt die auf dem Felskegel der Chora ruhende Burgruine der Adelsfamilie Ghizi.

Lange Zeit galt die Insel als Geheimtipp unter den Kykladen. Doch seit Ende der 1980er-Jahre, als *Luc Besson* Teile seines Films ›Im Rausch der Tiefe‹ auf Amorgos drehte, ist die Insel immer beliebter geworden.

Der Inselsüden

Der Haupthafen von Amorgos, **Katapola**, liegt im Südwesten der Insel in einer weiten, tief eingeschnittenen Bucht mit einigen Stränden. In den letzten Jahren entstanden rund um die Ortschaft etliche Hotels und Restaurants. Direkt hinter Katapola steigen die Berge an.

5 km weiter östlich, zu erreichen mit Auto oder Bus über die Asphaltstraße oder zu Fuß auf einem alten Eselspfad, breitet sich in 350 m Höhe **Amorgos-Stadt** (Chora) aus. Ein markanter Felskegel, auf dem die Ruinen einer venezianischen Festung thronen, strahlend weiße Häuserwürfel und Kirchen sowie eine grüne Terrassenlandschaft – die Chora von Amorgos am Fuße des Profitis Ilias ist eines der malerischsten Dörfer der Kykladen. Beim Spaziergang durch die stillen Gassen stößt man immer wieder auf kleine Kirchen und Kapellen, so auch auf die winzige *Agios Fanourios*, die nur wenigen Gläubigen Platz bietet. Das *Archäologikó Moussío* (tgl. 9–15 Uhr) gibt einen Einblick in die frühe Geschichte der Insel. Die bedeutendsten Funde von Amorgos befinden sich heute allerdings im Kykladenmuseum von Athen. Von der *Venezianerburg* sind nur noch Ruinen erhalten. Wer den mächtigen Burgfelsen wegen der herrlichen Aussicht besteigen möchte, muss sich zuvor im Ort den Schlüssel zu der kleinen Kapelle, durch die man zu den Ruinen gelangt, organisieren.

Die bedeutendste Sehenswürdigkeit der Insel ist das wehrhafte, in eine steile Felswand an der Ostküste gebaute Kloster **Chosoviotissa** (Sommer tgl. 8–13 und 17–19 Uhr, Winter tgl. 8–13 und 16–17 Uhr). Über einen steil hinabführenden Treppenweg am östlichen

TOP TIPP

Ende der Chora und die Verbindungsstraße zum Strand von Agia Anna erreicht man das Kloster in etwa einer halben Stunde. Die Besucher werden gebeten, in angemessener Kleidung zu kommen, Männer in langen Hosen, Frauen mit langen, weiten Röcken und bedeckten Armen. Der erste Eindruck ist überwältigend: Einem Adlernest gleich hängt das Kloster hoch oben im Fels, gehalten von zwei starken Stützmauern. Gegründet wurde die Abtei im 9. Jh., die heutigen mehrstöckigen Bauten stammen aus dem 11. Jh. In der Klosterkirche werden mehrere wertvolle Ikonen aufbewahrt, darunter die *Panagia Chosoviotissa*, die ein Werk des Apostels Lukas aus dem 1. Jh. sein soll und die Mönche nach Amorgos mitbrachten. Von der schmalen Terrasse hat man einen schönen Blick auf die Inselwelt der Umgebung, tief unten erkennt man die winzige Agia-Anna-Bucht.

Etwa 4 km südlich von Chora liegt, umgeben von Terrassenfeldern, das weiß getünchte kleine Kloster **Agios Georgios Valsamitis**. Im 17. Jh. errichtet, ist es heute

Wie ein Adlernest in der steilen Bergwand – zum Schutz vor Piratenüberfällen wurde das Kloster Chosoviotissa in den Fels hoch über dem Meer gebaut

Wer möchte hier nicht Urlaub machen? Umgeben von einer beeindruckenden Felslandschaft lockt die kleine Agia-Anna-Bucht mit tiefblauem Wasser

nicht mehr bewohnt und daher fast immer verschlossen.

Zu den südwestlich von Katapola gelegenen Dörfern und Stränden führt eine gut ausgebaute Straße. Asphaltiert ist sie fast bis zum Westkap der Insel, nur die letzten 3 km der Strecke, ab der Wallfahrtskirche *Agia Paraskevi*, bestehen noch aus einer Erdpiste. Der felsige, immer wieder von terrassierten Feldern durchbrochene Küstenabschnitt bietet sich entlang der zahlreichen Maultierpfade auch für kürzere oder längere Wanderungen an.

Ein etwa halbstündiger Spaziergang führt von Katapola zu den Ausgrabungen von **Minoa**, der von den Minoern im 2. Jahrtausend v. Chr. gegründeten ältesten Siedlung von Amorgos. Die Ruinen allerdings, Reste der Akropolis, des Gymnasions sowie eines Tempels, stammen aus hellenistischer Zeit.

Wer eine weitere antike Stätte besuchen möchte, nimmt von Vroutsi aus den schmalen Pfad zum *Felskegel von Kastri*, auf dem sich einst die ionische Siedlung **Arkesini** (auch Akro Kastri) erhob. Dort hat man einen schönen Ausblick auf Naxos. Das moderne Arkesini liegt südwestlich von Vroutsi. Hinter der Ortschaft führt eine Piste zu der beeindruckenden Ruine eines hellenistischen **Pyrgos**. Der Wehrturm aus riesigen Steinquadern ist noch bis zu einer Höhe von 5 m erhalten. Im äußersten Südwesten von Amorgos steht die Wallfahrtskirche Agios Paraskevi, die durch eine schöne blaue Kuppel besticht. Mehrere, meist einsame Strände, darunter die Buchten von *Paradisa* und *Kalotaritissa*, stehen für die nun fällige Abkühlung zur Auswahl.

Der Inselnorden

Auf der gut ausgebauten Straße in Richtung Norden gibt es eine Busverbindung. Unermüdliche Wanderer werden dessen ungeachtet den alten Eselspfad bevorzugen. Für die 12 km vom *Kloster Chosoviotissa* über Agrilos und Potamos nach *Ormos Aegiali* sind etwa 4–5 Std. zu veranschlagen – der Weg ist nicht durchgehend markiert.

In der weiten Bucht von **Aegiali**, dem zweiten Hafenort von Amorgos im Nordwesten, findet man einen schönen tamariskenbewachsenen Strand, den längsten der Insel. Auch in dieser Ortschaft gibt es inzwischen einige Hotels, die sich für einen längeren Aufenthalt anbieten.

Die Landschaft rund um die Orte Aegiali, Langada und Tholaria, die durch Olivenhaine, Weingärten und Kornfelder geprägt ist, lädt zu ausgiebigen **Wanderungen** ein. Immer wieder stößt man auf verfallene, aber auch auf gut erhaltene Kapellen, auf Schluchten und Grotten. Von *Langada* aus bietet sich die Besteigung des *Krikelon Oros* an, des mit 821 m höchsten Inselberges. Für Auf- und Abstieg benötigt man etwa 5–6 Std.

Im Frühjahr ist diese Region für ihren Blütenreichtum und das gesamte Jahr

Männergesellschaft in einer Altstadtgasse von Langada – in den traditionellen Kaffeehäusern bleiben die Männer meist unter sich

über für ihre Wildkräuter bekannt. Rosmarin, Thymian, Lorbeer, Majoran, natürlich auch Salbei, Fenchel, Oregano und Kamille gedeihen in den Bergen ausgezeichnet.

Praktische Hinweise

Information

Aegialis Tours, Aegiali, am Hafen, Tel. 22 85 07 33 94, Fax 22 85 07 33 95, www.aegialistours.com, Reiseagentur

Bus: Verbindungen zu den Inseldörfern und zum Chosoviotissa-Kloster bzw. zur Agia-Anna-Bucht.

Schiff: Fährverbindungen u. a. von Piräus (nach Katapola und Aegiali) und von Rafina (nach Katapola).
Katapola Hafen: Tel. 22 85 07 12 95
Piräus Hafen: Tel. 14 40
Rafina Hafen: Tel. 22 94 02 88 88

Von einer idyllischen Landschaft umgeben, erstreckt sich Langada an einem grünen Berghang

Hotels und Apartments

TOP TIPP ***Aegialis**, Aegiali, oberhalb der Ortschaft, Tel. 22 85 07 33 93, Fax 22 85 07 33 95, in Athen Tel. 21 06 89 04 10, Fax 21 06 83 18 58, www.amorgos-aegialis.com. Gepflegte Anlage im kykladischen Stil, auf mehreren Terrassen errichtet, mit Meerwasserpool und wunderschöner Aussicht.

Lakki Village, Aegiali, am Strand, Tel. 22 85 07 32 53, Fax 22 85 07 32 44, www.lakkivillage.gr. Kleine Häuschen mit Apartments stehen in einem großen Garten. Die Ausstattung ist typisch kykladisch. Mit guter Küche.

Pension Anna, Katapola, zweite Gasse oberhalb vom Hafen, keine Autoanfahrt, Tel. 22 85 07 12 18, Fax 22 85 07 10 84. Ruhige Zimmer und ein schöner Garten.

Restaurants

To Mouragio, Katapola, nahe der Platia, Tel. 22 85 07 10 11. Das Lokal bietet gute griechische Küche.

Vitsentsos, Katapola. Freundlicher Platz unter knorrigen Tamariskenbäumen am Kai, Bar und kleiner Imbiss.

10 Koufonisia

Plan hintere Umschlagklappe

Zwei winzige Eilande mit wunderschönen Stränden.

Die Nachbareilande Epano Koufonisi (3,8 km²) und Kato Koufonisi (4,5 km²) gehören zu den **Kleinen Ostkykladen**, einer Gruppe winziger Inselchen zwischen Naxos, Ios und Amorgos, die auch *Erimonisia*, die Einsamen oder Verlassenen, genannt werden. Während auf **Kato Koufonisi** tatsächlich nur wenige Hirten leben, trifft der Name auf **Epano Koufonisi**, kurz Koufonisi, schon längst nicht mehr zu. Bis Ende der 1980er-Jahre noch mussten sich die wenigen Besucher auf offener See ausbooten lassen, bei hohem Seegang konnte man die Insel nicht erreichen bzw. verlassen. Seit der Eröffnung des Hafens 1988 jedoch wird Koufonisi regelmäßig von Fährschiffen angelaufen. Trotz gestiegener Touristenzahlen leben die Inselbewohner noch immer größtenteils von der Fischerei.

Der einzige Ort, Koufonisi, hat sich inzwischen bestens auf die Urlauber eingestellt, es gibt Tavernen und Läden, auch werden einige, z.T. allerdings sehr einfache Privatquartiere angeboten. Am Hafen entstanden ebenfalls Unterkünfte, sie bieten etwas mehr Komfort.

In der Pigadi-Bucht von Koufonisi schuf das Meerwasser ein kleines Felsschwimmbecken

Das vegetationsarme Eiland besitzt einige schöne **Strände**. Östlich vom Hafen, in etwa 10 Min. zu Fuß zu erreichen, liegt die erste Badebucht, weitere folgen. Am *Charakopou-Strand* gibt es eine Taverne und mehrere einfache Unterkünfte. Nicht weit entfernt öffnet sich die Bucht *Ormos Pori* mit schattenlosem Dünenstrand und bizarren Felsen. Von Koufonisi aus erreicht man diesen Badeplatz direkt durch das Inselinnere oder während der Saison mit Booten.

Bootsausflüge führen auch nach Kato Koufonisi und zum heute unbewohnten Nachbareiland **Keros** (15 km²), das mit 432 m den höchsten Gipfel der Kleinen Ostkykladen aufweist. Bei Ausgrabungen an der Westküste wurden Reste einer bedeutenden bronzezeitlichen Siedlung und in Gräbern Hunderte von Marmoridolen gefunden. Die interessantesten der Idole, ein Flöten- und ein Harfenspieler [s. S. 66], befinden sich heute im Besitz des Athener Kykladenmuseums.

i Praktische Hinweise

Information

Schiff: Es gibt Fährverbindungen mit Piräus und Rafina. Boote fahren nach Kato Koufonisi und Keros.
Piräus Hafen: Tel. 14 40
Rafina Hafen: Tel. 22 94 02 88 88

11 Schinoussa

Plan hintere Umschlagklappe

In greifbarer Nähe der großen Urlaubszentren und doch fernab.

Wer ein Stück ländliches Griechenland kennenlernen und in aller Einsamkeit wandern oder baden möchte, ist auf der kleinen Insel Schinoussa (10 km²) richtig. Einquartieren können sich Reisende direkt am Hafen oder im kleinen Hauptort **Panagia**, den man in einer Viertelstunde zu Fuß vom Fähranleger erreicht. Die Ansiedlung besteht nur aus wenigen Gassen und Häusern, doch besitzt sie eine große, Mitte des 19. Jh. errichtete *Marienkirche* mit einer wertvollen Ikone der Gottesmutter Panagia. Eine weitere Ortschaft, das im Inselnorden gelegene **Mesaria**, ist weitgehend dem Verfall preisgegeben. Einzig die *Evangelistenkirche* aus dem 19. Jh. macht noch einen gepflegten Eindruck.

Der Großteil der etwa 200 Inselbewohner lebt von der Landwirtschaft. Obwohl der Ackerboden auf dem kargen Eiland rar ist, wird ein Überschuss an Getreide produziert. Die Terrassen für die Felder wurden bereits in der Antike angelegt.

Zahlreiche Pfade und Wanderwege, die die von sanften Hügeln geprägte Insel bedecken, führen zu schönen Buchten. Von Panagia aus erreicht man in etwa 10 Min. den dicht mit Tamarisken bewachsenen *Tsiggouri-Strand*, anderthalb Stunden benötigt man für die Wanderung zu dem im Norden nahe der Ortschaft Mesaria zwischen Steilfelsen gelegenen *Psili-Ammos-Strand*. Olivenbäume spenden hier reichlich Schatten.

i Praktische Hinweise

Information

Schiff: Es gibt Fährverbindungen mit Piräus und Rafina.
Piräus Hafen: Tel. 14 40
Rafina Hafen: Tel. 22 94 02 88 88

12 Iraklia

Plan hintere Umschlagklappe

Eine feinsandige Bucht, eine Tropfsteinhöhle und ansonsten angenehme Ruhe.

Der Livadi-Strand vor den spärlichen Ruinen einer mittelalterlichen Burg und gegenüber das Inselchen Venetikon – das ist ein Ambiente, um das etliche

größere Inseln das kleine Iraklia (18 km², 120 Einw.) beneiden. Benannt wurde das Eiland nach dem antiken Helden *Herakles*, zu dessen Ehren alljährlich Feste abgehalten wurden.

Neben dem im Norden von Iraklia gelegenen Hauptort **Agios Georgios** – 5 Min. zu Fuß vom Fähranleger entfernt – gibt es noch das Bergdorf **Panagia** (auch Iraklia), das auf einer erst 1996 angelegten Asphaltstraße über die Livadi-Bucht zu erreichen ist. In beiden Ortschaften stehen einfache Unterkünfte sowie Tavernen zur Verfügung. In Panagia gibt es auch eine Post.

Von Panagia aus kann man in einem etwa einstündigen Fußmarsch den 419 m hohen *Papas* besteigen und wird oben am Gipfel mit einem herrlichen Blick über Insel und Meer belohnt. Eine weitere Wanderung führt von Panagia in südwestlicher Richtung über Eselspfade zum **Spilion Agiou Ioannou**, zur Tropfsteinhöhle des hl. Johannes. Für die Strecke sind etwa 1,5 Std. zu veranschlagen. Taschenlampe, robuste Kleidung und ein kompetenter Führer sind im Höhlenlabyrinth, das sich angeblich bis zur Insel Ios fortsetzen soll, unerlässlich.

Zum Baden eignen sich neben dem beliebten, etwa 250 m langen *Livadi-Strand*, der in einer tief eingeschnittenen Bucht im Nordosten (etwa 1 km von Agios Georgios) liegt, der baumbestandene Sandstrand von *Agios Georgios* und weitere kleinere Buchten an der Nordost-

küste. Im Süden hingegen findet man überwiegend Steilküsten vor.

Praktische Hinweise

Information

Schiff: Es gibt Fährverbindungen mit Piräus und Rafina.
Piräus Hafen: Tel. 14 40
Rafina Hafen: Tel. 22 94 02 88 88

13 Donoussa

Plan hintere Umschlagklappe

Entlegenes Eiland am östlichen Rand der Kykladen.

Reichlich sprudelndes Quellwasser und Weiden für Hunderte von Ziegen, Schafen und Kühen – ein wahres Inselarkadien, solange die Besucher nur in geringer Zahl kamen und mit einer spartanischen Unterkunft sowie einfachen Speisen zufrieden waren. Heute drängen sich während der Sommermonate im Hauptort von Donoussa (13 km^2), **Agios Stavros**, die Gäste, allen voran Griechen und unter ihnen viele, die aufs Festland abgewandert sind und die Ferienwochen auf der Heimatinsel verbringen wollen. Hier findet man einige Privatunterkünfte sowie mehrere Restaurants. Auf Donoussa werden zwar Unterkünfte für die Urlauber gebaut, aber noch geht es vergleichsweise ruhig zu, es gibt kaum Straßen und nur wenige Autos. In den

Eine Fahrt ins Blaue – der Aufenthalt auf der Insel Donoussa bietet sich für Urlauber an, die Stille und Einsamkeit suchen

drei kleinen Siedlungen außerhalb von Agios Stavros, *Messaria* (auch Charavgi), *Mersini* und *Kalotaritissa*, verläuft das Leben der Einwohner noch weitgehend ungestört vom Tourismus.

Eine reizvolle **Wanderung** führt in etwa 5 Std. auf Eselspfaden einmal um die Insel herum. Unterwegs kann man sich immer wieder an einsamen Stränden erholen. Da die bis 383 m hohen felsigen Hügel in der Regel nur wenig Bäume tragen, wirken die Platanen, die die Quelle bei den Obst- und Gemüseterrassen von Mersini im Süden beschatten, um so erfrischender.

Die schönsten **Strände** findet man in den Buchten um Kalotaritissa im Norden (am besten per Boot erreichbar) oder am *Ormos Kentros*, eine Viertelstunde von Agios Stavros entfernt.

Praktische Hinweise

Information

Schiff: Es gibt Fährverbindungen mit Piräus und Rafina. Der Besuch der entlegenen Insel ist bei stürmischer See mit dem Risiko eines verlängerten Aufenthalts verbunden.
Piräus Hafen: Tel. 14 40
Rafina Hafen: Tel. 22 94 02 88 88

Der Süden – weiße Dörfer zwischen Himmel und Erde

Am südlichen Rand der Kykladen gibt es die landschaftlich wohl spektakulärsten Inseln zu entdecken. Um 1645 v. Chr. wurde die Ägäis von einer verheerenden Naturkatastrophe erschüttert. Auf *Strongyle*, wie die Griechen später die Insel auch nannten, ereignete sich ein Vulkanausbruch, der sie förmlich auseinanderriss. Nur Teile blieben erhalten – **Santorini**, **Thirassia** und einige weitere Klippen. Mit Strongyle jedoch war eine blühende Kultur untergegangen. Erst vor wenigen Jahrzehnten wurde an der Südspitze von Santorini unter einer dicken Schicht aus Vulkanasche die bronzezeitliche Siedlung von *Akrotiri* entdeckt. Zum Vorschein kamen recht gut erhaltene Wohnhäuser, die teilweise mit herrlichen Wandgemälden ausgeschmückt waren. Nach der damaligen Katastrophe dauerte es eine Weile, bis sich die Menschen wieder in die Nähe der Insel wagten. Als es schließlich soweit war, wollten sie ganz hoch hinaus und errichteten ihre Städte direkt am Kraterrand. Ganz schön mutig, kommt es doch bis heute immer wieder einmal zu vulkanischen Eruptionen. Bei einer Fahrt durch die Caldera scheinen die weißen Dörfer Santorinis zwischen Himmel und Erde zu schweben. Doch klammern sie sich mit aller Kraft an den steilen Fels.

Ähnlich dramatische Steilabstürze bietet das nordöstlich gelegene Felseiland **Folegandros**. Auch hier können die Orte scheinbar nicht dicht genug am Abgrund stehen. In einer atemberaubenden Lage thront die *Chora* 300 m über dem Meer. Auch die an einen markanten Felskegel gelehnte *Chora* von **Ios** fasziniert. Die in den 1970er-Jahren von den Hippies entdeckte Insel ist aufgrund der schönen Strände und des Nachtlebens auch heute noch sehr beliebt.

14 Santorini

Plan Seite 82

Insel mit zerborstenem Vulkankegel, an dessen Kraterrand sich die Einwohner niedergelassen haben.

Kein Bild kann zeigen, was das Auge vom hohen Felsrand mit einem Blick erfasst: das Blau des Meeres im Rund der steil abstürzenden Kraterwände und dazwischen die schwarzen Vulkaninseln *Nea Kameni* und *Palea Kameni*, die erst nach dem großen Ausbruch infolge unterseeischer Explosionen dem Meer entstiegen waren. Auch vom Wasser aus bietet sich ein eindrucksvolles Bild: die dunkle, in der Abenddämmerung rötlich schimmernde **Caldera**, das Kraterrund, und darüber die weißen Dörfer, die in Schwindel erregender Höhe nahe am Abgrund stehen. Santorini, die Vulkaninsel, ist das gewaltigste Naturerlebnis der Kykladen. Das bedeutendste kulturelle Zeugnis ist ebenfalls hier zu finden, die an der Südküste gelegene bronzezeitliche Siedlung **Akrotiri**, die nach dem großen Knall 3600 Jahre unter einer dicken Schicht aus Bimsstein und Lavaasche begraben war und erst 1967 wieder entdeckt wurde.

◁ *Typisch kykladisch – die Kirchen und Kapellen in Oia auf Santorini, bestechen durch ihre blauen Kuppeln und weißen Glockentürme*

Geschichte Bereits im 3. Jahrtausend v. Chr. war die damals noch kreisförmige

Vulkaninsel besiedelt. Sie wurde **Strongyle**, die ›Runde‹, genannt. In der ersten Hälfte des 2. Jahrtausends v. Chr. bestand eine enge kulturelle Verbindung zum minoischen Kreta. Dann, um 1645 v. Chr., ereignete sich der **Vulkanausbruch**, der das heutige Kraterrund mit einer großen (*Santorini*, 76 km^2) und zwei kleineren Inseln (*Thirassia*, *Aspronisi*) entstehen ließ. Dort, wo sich vormals der Vulkankegel erhob, reicht der Krater heute bis 400 m in die Tiefe. Die riesigen Mengen herausgeschleuderten Bimssteins sowie rötlicher Tuff bedeckten die Überreste des Kegels mit einer etwa 5–30 m dicken Schicht. Die Caldera von Santorini mit ihren 200–400 m hohen Lavawänden gilt als die größte der Welt.

Eine Neubesiedlung des vulkanischen Eilands wagten erst um 1300 v. Chr. die *Phönizier*, um 1000 v. Chr. schließlich erreichten dorische *Griechen* vom Peloponnes die Insel und gaben ihr den Namen **Thera**. Doch ganz sicher konnten und können sich die Bewohner nicht fühlen, denn vulkanische Tätigkeit gibt es bis heute. Bereits 197 v. Chr. tauchte bei einer unterseeischen Eruption eine erste lavaschwarze Vulkaninsel, *Palea Kameni* (die ›Alte Verbrannte‹), aus der Caldera auf, zwischen 1707 und 1712 dann die zweite, *Nea Kameni* (die ›Neue Verbrannte‹).

In den letzten beiden Jahrtausenden wurde Santorini von mehr als einem Dutzend größerer Ausbrüche heimgesucht. Das letzte starke Erdbeben zerstörte 1956 einen Großteil der Siedlungen. Heute leben die rund 7000 Inselbewohner recht gut auf dem Pulverfass. Das seit der venezianischen Zeit nach der Schutzheiligen Irene benannte Eiland wird nicht nur von ›Inselspringern‹ besucht, auch riesige Kreuzfahrtschiffe laufen die steil aufragende Caldera zahlreich an.

Thira und der Inselnorden

Die meisten Reisenden kommen mit der Fähre im südlich von Thira (auch Fira) gelegenen Hafen *Athinios* an und erreichen den Hauptort von Santorini per Bus oder Taxi. Die Kreuzfahrtschiffe dagegen steuern Thira direkt an. Über einen steilen Stufenweg kämpfen sich die Passagiere dann auf dem Rücken von Maultieren zum Kraterrand hinauf. Wem das zu beschwerlich ist, kann auch die Seilbahn nehmen, die ein äußerst großzügiger Reeder 1982 seiner Heimatinsel schenkte.

Thira, dessen weißes Häusermeer sich in atemberaubender Lage den Kraterrand entlangzieht, musste nach dem verheerenden Erdbeben von 1956 größtenteils neu aufgebaut werden. So auch die orthodoxe Kathedrale **Mitropolis** 1, die sich mit ihrer weiten Kuppel, dem hohen Glockenturm und dem Arkadenhof markant im Stadtbild abzeichnet. Nahe der Kathedrale öffnet sich die schönste Aussichtsterrasse der Stadt und bietet freie Sicht auf die dicht an dicht in den Steilhang gebaute Stadt: Man sieht verschachtelte Häuserwürfel, Kuppeln und Türme, Treppen und Plätze. Darüber hinaus kann man von hier aus gut in den tiefblauen Krater blicken. Rund um den Platz herrscht reges Basartreiben, überall glitzert es hochkarätig: Hier konkurrieren Spitzenjuweliere um die Gunst der zahlungskräftigen Kreuzfahrtgäste.

In einem neuen Gebäude östlich der Mitropolis und direkt gegenüber vom Busbahnhof befindet sich das **Prähistori-**

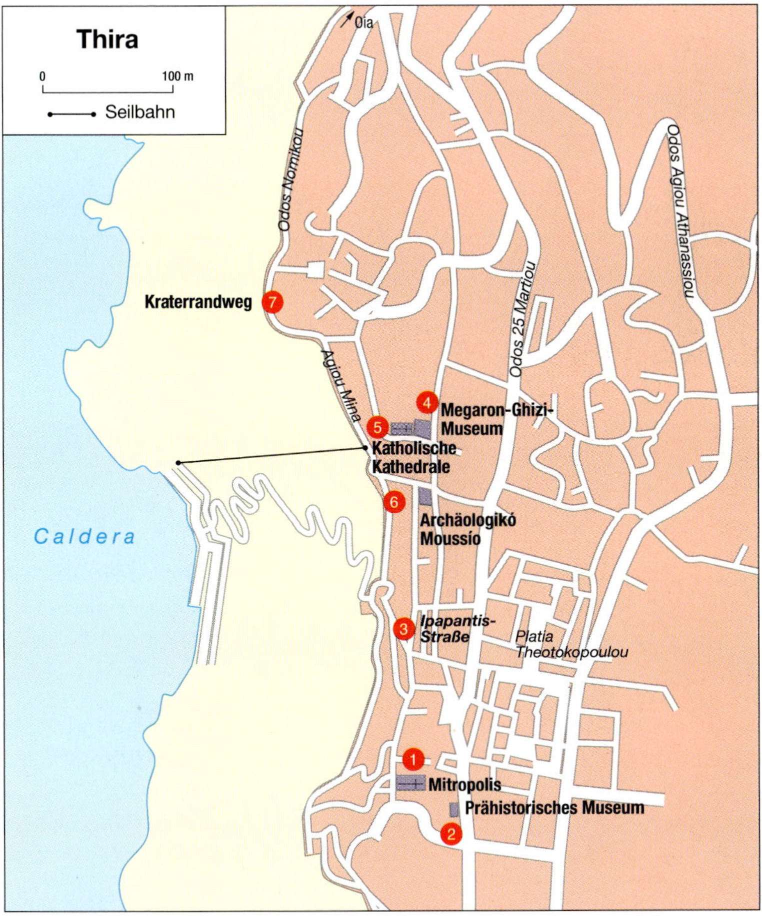

Festlich gekleidet gehen orthodoxe Priester durch einen Säulengang der Mitropolis-Kathedrale

sche Museum (2) (Di–So 8–15 Uhr, sommers Di–So 8–19.30 Uhr). Es präsentiert Exponate, die auf Santorini ausgegraben wurden. Reich ornamentierte Keramik, Statuen und Reliefs sowie Funde aus Akrotiri und Alt-Thera und eine umfangreiche Vasensammlung dokumentieren hier die Epochen von der Frühzeit bis zur Klassik. Auch einige Wandmalereien aus der verschütteten Stadt Akrotiri sind hier ausgestellt.

In der **Ipapantis-Straße** (3), der Flaniermeile von Thira, reihen sich nicht nur Souvenirläden, sondern auch Hotels und

Immer nahe am Abgrund – die weißen Dörfer von Santorini, Thira und Oia wurden knapp an der Abbruchkante der Caldera errichtet

Restaurants mit herrlichen Aussichtsterrassen aneinander. Die belebte Straße führt von der Mitropolis in nördlicher Richtung zum **Megaron-Ghizi-Museum** 4 (Tel. 22 86 02 22 44, Mo–Sa 10.30–13.30 und 17–20, So 10.30–16 Uhr), das in einem Patrizierhaus der venezianischen Familie Ghizi untergebracht ist. Hier kann man sich über die Geschichte der Insel seit dem 16. Jh. informieren. Besonders interessant sind die vor dem Erdbeben 1956 entstandenen Fotos mit Stadtansichten von Thira. Die angrenzende **Katholische Kathedrale** 5 wurde bei jenem Erdbeben schwer beschädigt und in der Folge komplett wieder aufgebaut. Im benachbarten *Kloster der Barmherzigen Schwestern* kann eine Teppichknüpferei besichtigt werden. Ganz in der Nähe, gegenüber von der Seilbahnstation, befindet sich das **Archäologikó Moussío** 6 (Tel. 22 86 02 22 17, Di–So 8.30–15 Uhr). Gezeigt werden prähistorische Vasen und Amphoren (8.–6. Jh. v. Chr.) sowie Skulpturen und Inschriften aus der römischen Antike.

TOP TIPP Eine der schönsten Wanderungen führt auf dem **Kraterrandweg** 7 (*Agiou Mina/Odos Nomikou*) über die Vororte Firostefani und Imerovigli nach Finikia und weiter nach Oia (gesprochen I-a), das an der Nordspitze von Santorini ebenso spektakulär wie Thira in den Fels gebaut ist. Entlang des Berggrats ergeben sich immer wieder faszinierende Ausblicke auf die Caldera und

◁ Ein Leben auf der Sonnenseite? Nicht immer, denn Thira wurde auf einem Pulverfass errichtet, das zuletzt beim schweren Erdbeben von 1956 explodierte

die sanft ansteigenden Terrassen der Osthänge. Die Strecke, die größtenteils über Pfade direkt an der Abbruchkante verläuft, beträgt 12 km, es sind etwa 4 Std. zu veranschlagen.

Das Seefahrerstädtchen **Oia** (auch I-a), das nach den schweren Erdbebenschäden 1956 im alten Stil wieder aufgebaut wurde, gilt vielen als schönste Ortschaft der Insel. Zwischen den neu errichteten weißen Häuserkuben findet man immer wieder auch alte, in den porösen Fels gegrabene Höhlenwohnungen, die die verheerende Naturkatastrophe unbeschadet überstanden haben. Schon seit Jahren steht Oia bei den Urlaubern hoch im Kurs – wohl auch wegen der stimmungsvollen Sonnenuntergänge. Es entstanden zahlreiche Hotels und Pensionen, sogar in verschiedenen Höhlenwohnungen kann man sich einquartieren. Das kleine **Schifffahrtsmuseum** (Tel. 22 86 07 11 56, Mi–Mo 10–14 und 17–20 Uhr) gibt anhand von historischen Fotos, Schiffsmodellen und einer Galionsfigur Einblicke in das Leben der Reeder, Kapitäne und Matrosen von der Mitte des 19. Jh. bis heute.

Wer dem Rummel in Oia und Thira aus dem Weg gehen will, kann sich in den kleineren Inselorten Firostefani und Imerovigli eine Unterkunft suchen. Hier geht es auch während der Hochsaison noch etwas ruhiger zu.

Akrotiri

An der Südküste von Santorini befindet sich die bedeutende Ausgrabung von **Akrotiri** (Tel. 22 86 08 13 66). Nach dem Einsturz des großen Schutzdaches im September 2005 – damals kam ein Besucher ums Leben, sechs weitere wurden verletzt – ist das Gelände vermutlich noch bis Mitte 2008 geschlossen. Akrotiri zählt zu den großartigsten archäologischen Entdeckungen des 20. Jh., die Reste einer bronzezeitlichen Handelsstadt wurden erst 1967 von dem griechischen Archäologen *Spyridon Marinatos* entdeckt und freigelegt. Zum Vorschein kamen mehrstöckige Wohnhäuser mit herrlichen Wandmalereien, die sich in einem recht guten Erhaltungszustand präsentierten – kein Wunder, waren sie doch über 3600 Jahre unter einer dicken, konservierenden Gesteinsschicht verborgen. Die Siedlung ist ein einzigartiges Zeugnis aus der Zeit vor dem großen Vulkanausbruch um 1645 v. Chr. Obwohl noch längst nicht alles freigelegt ist, kann man jetzt schon sagen, dass sich hier im 2. Jahrtausend v. Chr. eine Hochkultur entwickelt hatte.

TOP TIPP

Anders als im römischen Pompeji, wo die Einwohner vom Vulkanausbruch überrascht wurden, hat man in Akrotiri keine Toten gefunden und auch keine Wertgegenstände. Die schätzungsweise 10 000 Einwohner haben die Stadt verlassen können, bevor die Katastrophe hereinbrach. Ob sie jedoch ein sicheres Ziel erreichten, ist angesichts der hohen Flutwelle, die infolge des Kratereinsturzes über die Ägäis hinweg rollte, mehr als fraglich.

Bei einem **Rundgang** durch das Grabungsgelände stößt man auf Wohnhäu-

Schräglage – kleines Hotel in Oia, in den Steilhang der Caldera gebaut

◁ **Oben:** *An der Nordspitze von Santorini liegt Oia, eines der schönsten weißen Dörfer der Kykladen mit engen Gassen und Treppenwegen sowie alten Windmühlen …*
Unten: *… an der Südspitze befindet sich die frühgeschichtliche Grabungsstätte Akrotiri, wo man wunderschöne Wandmalereien sowie Keramik freilegte*

ser, die noch zwei oder drei Stockwerke in die Höhe ragen. Im Untergeschoss waren zumeist Werkstätten und Lagerräume untergebracht, die Wohnräume befanden sich in den Obergeschossen. Zu den spektakulärsten Funden von Akrotiri gehören die **Wandmalereien**, mit denen etliche Häuser ausgeschmückt waren – ein deutlicher Hinweis auf den Reichtum der bronzezeitlichen Siedlung. Unter den Darstellungen fand man Motive wie Pflanzen, Tiere, Landschaften, einen Fischer und zwei boxende Knaben. Nur einen Teil der Originalmalereien kann man heute noch vor Ort bewundern. Etliche Stücke aber wurden bereits kurz nach ihrer Entdeckung nach Athen abtransportiert, wo sie heute im Nationalmuseum zu sehen sind. Der in Thira verbliebene Teil der Malereien wird restauriert bzw. im Prähistorischen Museum ausgestellt [s. S. 84].

Wer nach der Besichtigung von Akrotiri bei einem Bad entspannen will, findet an der Westspitze von Santorini einige schöne **Strände**. Die beliebtesten sind der breite **Kokkini Ammos** (›Roter Sand‹), der von einer dunkelroten, steil aufragenden Felswand eingefasst wird, und weiter westlich die ›Graue Bucht‹. Bei der Kapelle *Agios Nikolaos* gibt es einen Parkplatz, von dem ein schmaler Pfad über die Felsen hinunter zu den Stränden führt.

TOP TIPP

Etwa 1 km nördlich der antiken Ausgrabung liegt das **moderne Akrotiri**. Hier hat man die Möglichkeit, in einer der seltenen Badebuchten im Rund der Caldera zu baden. Der Kies- und Sandstreifen unterhalb der Ortschaft lohnt besonders wegen der fantastisch geformten Lavafelsen am Steilhang über dem Meer einen Besuch.

Zwischen Kamari und Perissa

An der Ostküste von Santorini, bei Kamari und Perissa, findet man ausgedehnte, vulkanisch dunkle Strände. Die beiden Ortschaften werden durch den mächtigen, bis ans Meer herantretenden Bergkamm *Mesa Vouno* voneinander getrennt. Mit dem Schiff gelangt man schnell von der einen Ortschaft in die andere, mit dem Wagen jedoch hat man eine Strecke von 20 km zurückzulegen. **Kamari**, erst nach dem großen Beben von 1956 gegründet, hat sich innerhalb weniger Jahre vom Dorf zum Touristenstädtchen gewandelt. An der fast italienisch anmutenden schattigen Strandpromenade reihen sich Hotels und Pensionen, Restaurants und Cafés nahtlos aneinander. Das südlich gelegene **Peris-**

Sonnenbaden auf vulkanischem Gestein – der schwarze Strand von Kamari ist in den Sommermonaten Ziel vieler Badeurlauber

Das verwitterte Relief eines Löwen schmückte einst einen hellenistischen Tempel (3. Jh. v. Chr.) in der antiken Siedlung Thera

sa ist ländlicher. Die neueren Viertel liegen weit verstreut um den alten Ortskern. Am Strand – dieser ist noch länger als der von Kamari – wird in den kommenden Jahren sicherlich noch das eine oder andere zusätzliche Hotel entstehen.

Ein Erlebnis für Natur- und Kulturfans gleichermaßen ist die Erkundung des *Profitis Ilias*, des mit 566 m höchsten Berges von Santorini. Eine streckenweise kopfsteingepflasterte Serpentinenstraße führt von Kamari hinauf bis zum Parkplatz am Sellada-Sattel zwischen Profitis Ilias und Mesa Vouno (369 m), auf dem das **Ausgrabungsgelände des antiken Thera** (Di–So 8–15 Uhr, Einlass bis 14 Uhr) liegt. Die strategisch äußerst günstige Landzunge – sie fällt nach drei Seiten steil zum Meer hin ab – wurde um 1000 v. Chr. von Dorern besiedelt, 700 Jahre später errichteten Ptolemäer an derselben Stelle einen Militärstützpunkt. Die Grabungen unter der Leitung von *Baron Hiller von Gaertringen* in den Jahren 1896–1903 brachten vor allem Bauten aus hellenistischer und römischer Zeit zutage. Bei einem Rundgang durch das ausgedehnte Ruinenfeld stößt man auf die Überreste eines *hellenistischen Tempels* des 3. Jh. v. Chr. mit den sehenswerten Reliefs eines Löwen und eines Adlers, auf die zerstörten Sitzreihen eines in den Hang gebauten *römischen Theaters* und auf die kleine Kirche des *hl. Stephanos*, die auf eine frühchristliche Basilika des Erzengels Michael zurückgeht.

Vom Sellada-Sattel benötigt man etwa 45 Min. zur Besteigung des Profitis-Ilias-Gipfels, der durch Fernmeldetürme etwas verschandelt ist. Leider ist das gleichnamige ehem. *Kloster* mit einem sehenswerten *Volkskundemuseum* nur selten zugänglich. Dafür aber überschaut man vom Gipfel die gesamte Insel, der Blick reicht bis nach Oia, der weißen Stadt an der Nordspitze. Der Abstieg ist alternativ

Wenn die Hyazinthen erblühen

An einigen Orten des antiken Griechenland, in Sparta, an der kleinasiatischen Küste und auch auf **Thera**, wurde über Jahrhunderte hinweg das Fest der **Hyakinthien** gefeiert. Es erinnerte an den schönen Jüngling Hyakinthos, den Liebling des **Gottes Apollon**. Beim Diskuswerfen geschah es, dass eine von Apollon geworfene, vom eifersüchtigen **Windgott Zephyros** abgelenkte Scheibe Hyakinthos so unglücklich traf, dass er an seinen Verletzungen starb. Da auch Apollon ihn nicht mehr zum Leben erwecken konnte, ließ er aus seinem Blut blaue Blüten, die Hyazinthen, sprießen.

auch nach **Pyrgos** möglich, der früheren Hauptstadt der Insel (bis 1800), einem Hangdorf mit der Ruine einer venezianischen Burg und blaugekuppelten Kirchen. Will man aber auf demselben Weg wieder zurück, kann man eine weitere Sehenswürdigkeit besichtigen. Richtung Perissa zweigt nach etwa halber Strecke ein Pfad ab, der in etwa 10 Min. zur Kapelle *Zoodochos Pighi* (›Quelle des Lebens‹) führt. Die winzige, weiß gekalkte Kapelle liegt wunderschön an einer Felswand nahe einer Quelle. Von hier führt ein Weg nach Perissa hinab.

Caldera und die Verbrannten Inseln

Zum Abschluss eines Santorini-Aufenthaltes sollte man sich eine Schiffsfahrt durch die **Caldera** gönnen, um die steilen Felswände, die je nach Tageszeit und Lichtverhältnissen in unterschiedlichen Farben schimmern, auch einmal von unten ganz genau betrachten zu können. Ausflugsschiffe zu den beiden ›Verbrannten Inseln‹, Palea Kameni und Nea Kameni, starten von Thira oder dem 5 km südlich gelegenen Hafen Athinios aus (Halb- oder Ganztagesausflüge mit Programm).

TOP TIPP

Auf **Nea Kameni**, der *Neuen Verbrannten*, steigt man zwischen pechschwarzem und dunkelrotem Lavagestein, frühlingsgrünen oder sonnenverbrannten Gräsern und viel Schlackenmaterial zum Hauptkrater auf. Fumarolen verwehen schweflig gelb im Inselwind. Im Frühjahr und Herbst raucht es am stärksten. Von der Kraterspitze, auf 124 m, hat man die gesamte Caldera gut im Blick. **Palea Kameni**, die *Alte Verbrannte*, wird meist für ein kurzes Bad angelaufen. In der Bucht, in der unterseeische Thermalquellen sprudeln, ist das Wasser um etwa 6–7 °C wärmer als im Rest der Caldera. Die Insel **Thirassia** [Nr. 15], die das zerborstene

Hier wirkten Naturgewalten: Blick von Nea Kameni auf die Caldera von Santorini, die nach einem Vulkanausbruch entstand. Eine Schifffahrt durch das Kraterrund gehört zu den faszinierendsten Reiseerlebnissen

Kraterrund am nordwestlichen Rand abschließt, wird ebenfalls von den Ausflugsbooten angefahren, man erreicht sie aber auch direkt von den Häfen Athinios, Thira und Oia aus.

Praktische Hinweise

Information

www.santorini.gr

Santorini Express Ltd., Thira, bei der Stadthalle, Tel. 22 86 02 53 31, Fax 22 86 02 53 36, sanexp@otenet.gr

Santo Volcano Tours & Travel, Thira, am Hauptplatz, Tel. 22 86 02 21 27, Fax 22 86 02 29 55, www.santovolcano.gr, Reiseagentur

Bus: Es bestehen Busverbindungen zwischen den größeren Inselorten. Infos: Tel. 22 86 02 54 04, www.ktel.org

Flug: Flüge von und nach Athen. Olympic Airways: Tel. 22 86 03 15 25
Athens International Airport: Tel. 21 03 53 00 00, www.aia.gr

Schiff: Es gibt Fährverbindungen mit Piräus, Ios, Anafi. Santorini hat drei Häfen: Der alte Hafen Skala unterhalb von Thira dient zum Ausbooten der Kreuzfahrtpassagiere. Fährschiffe legen im Hafen Athinios 5 km südlich von Thira an. Von Oia verkehren kleinere Schiffe und Ausflugsboote zu den Nachbarinseln.
Santorini Hafen: Tel. 22 86 02 22 39
Piräus Hafen: Tel. 14 40

Weinkellereien

Auf Santorini bieten mehrere Weinkellereien Besichtigungen und Weinproben an. Die mehr als 100 Jahre alte Kellerei **Koutsouyanopoulos** ist die größte der Insel und bietet ihren Besuchern sogar ein kleines Weinmuseum. Noch ein paar Jahre älter ist die Kellerei **Boutari**. Bei Pyrgos östlich von Megalochori kann man die Kellerei **Santo Wines** besuchen. Die **Antoniou Winery** veranstaltet nicht nur Weinproben, sondern bietet auch Konzerte und Ausstellungen.

Antoniou Winery, Megalochori, an der Straße von Megalochori nach Akrotiri, Tel. 22 86 02 35 57. Besichtigung Ostern–Okt. Mo–Fr 9–16 Uhr

Boutari Winery, Megalochori, an der Straße von Megalochori nach Akrotiri auf der rechten Seite, Tel. 22 86 08 10 11, www.boutari.gr. Besichtigung sommers Mo–Fr 10–19, winters 10–16 Uhr

Koutsouyanopoulos, an der Hauptstraße von Vothona, die zum Strand von Kamari führt, Tel. 22 86 03 13 22. Besichtigung des Weinmuseums April–Okt. Mo–Fr 10–20 Uhr

Santo Wines, Pyrgos, an der Straße von Thira nach Pyrgos auf der rechten Seite kurz vor der Abzweigung nach Pyrgos, Tel. 22 86 02 51 28, www.santowines.gr. Besichtigung März–Nov. Mo–Fr 10–20 Uhr

Hotels und Apartments

TOP TIPP ******Chromata**, Imerovigli, Tel. 22 86 02 48 50, Fax 22 86 02 32 78, www.chromata-santorini.com. Das unterhalb des Kraterrandwegs gelegene Luxushotel bietet komfortable

◁ *Maultierkarawane mit Urlaubern auf dem Weg nach Manolas, dem Hauptort von Thirassia, der hoch oben auf dem Berg liegt*

Höhlenwohnungen, Zimmer und Apartments. Der malerische Swimmingpool mit beeindruckendem Caldera-Blick liegt direkt an der Kraterkante.

****Kastelli Resort**, Kamari Beach, Tel. 22 86 03 15 30, Fax 22 86 03 25 30, www.kastelliresort.com. Luxushotel mit 65 Zimmern und Suiten, Garten, großem Pool und Tennisplatz, 150 m bis zur Strandpromenade.

****Museum**, Oia, Hauptstraße, Tel. 22 86 07 15 15, Fax 22 86 07 15 16, in Athen Tel. 21 06 54 98 64, Fax 21 06 54 90 80, www.hotelmuseum.net. Schmucke klassizistische Villa mit Garten und Pool. Einst waren hier auch König Otto und Königin Amalia zu Gast.

***Atlantis**, Thira, Tel. 22 86 02 22 32, Fax 22 86 02 28 21, www.atlantishotel.gr. Hotelkomplex aus den 1950er-Jahren in exzellenter Lage am Kraterrand. Die meisten Zimmer bieten einen fantastischen Blick über die Caldera.

***Villa Ilias**, Firostefani, Tel. 22 86 02 25 19, Fax 22 86 02 59 93, www.villailias.gr. Kleineres Hotel mit schönem Ausblick und einer Gemeinschaftsterrasse mit kleinem Pool.

Kokkinos Villas, Akrotiri, Tel. 22 86 08 11 08, Fax 22 86 08 13 74. Die ruhig über einer kleinen Badebucht gelegene Anlage bietet Zimmer und Apartments, schöner Ausblick. Nur Frühstück.

Restaurants

Dionysos in Atlantis, Thira, Tel. 22 86 02 38 45. Große Taverne im Stadtzentrum mit typisch griechischer Küche. Schöne Terasse.

Il Cantuccio, Firostefni, Tel. 22 86 02 20 82. Kleine windgeschützte Pizzeria. Auch zum Mitnehmen.

TOP TIPP **Imerovigli**, Imerovigli, Tel. 22 86 02 41 90. Anspruchsvolle griechische Küche. Besonders köstlich sind die gefüllten Paprikaschoten.

Maria, Akrotiri, Tel. 22 86 08 10 97. Einfache, gute griechische Küche.

Nikolas, Thira, Erithrou Stavrou, Tel. 22 86 02 45 50. Schmackhafte griechische Küche, bei Einheimischen und Besuchern gleichermaßen beliebt.

Panorama, Akrotiri, Tel. 22 86 08 11 83. Restaurant mit großartigem Rundblick. Solide griechische Gerichte in dörflicher Atmosphäre.

Remezzo, Akrotiri, Tel. 22 86 08 27 06. Fangfrische Fische und eine exzellente Auswahl guter Santorini-Weine.

TOP TIPP **Vedema**, Megalochori, Tel. 22 86 08 17 97. Gourmet-Küche in den Gewölben einer historischen Weinkellerei. Edler als in diesem Luxushotelrestaurant kann man auf den Kykladen kaum speisen.

15 Thirassia

Plan Seite 82

Auf dieser Seite der Caldera kann man das Leben auf dem Vulkan genießen.

An der Nordwestecke jener ehemals kreisrunden Insel, die durch den gewaltigen Vulkanausbruch um 1645 v. Chr. auseinander brach, liegt Thirassia (9 km^2, 350 Einw.). Der kleine Hafen des Hauptortes **Manolas** wird zwar immer wieder von Ausflugsbooten angelaufen, doch nur wenige Touristen bleiben länger – hier macht Urlaub, wer die vulkanische Szenerie um die Caldera in aller Ruhe erleben will. Manolas liegt malerisch am Rande der 175 m steil aufragenden Felswände. Hier gibt es mehrere ländliche Restaurants und Cafés, die mit einem großartigen Caldera-Blick locken. An Unterkünften stehen im Dorf Privatzimmer und auf dem Inselkamm ein Hotel zur Auswahl.

Ein schöner Spaziergang führt zwischen Feldern zur Badebucht von *Milo* und zu der nahe gelegenen kleinen Kapelle *Agia Irini*, nach der Santorini benannt worden sein soll [s. S. 83].

i Praktische Hinweise

Information

Informationsbüro, Manolas,
Tel. 22 86 02 91 43, www.thirasia.gr

Hotel

Jimmys Hotel, Manolas, Tel. 22 86 02 91 02. Einfaches Haus mit schlichter Ausstattung.

16 Anafi

Bergiges Eiland mit wunderschönen, einsamen Buchten.

Es war einmal vor langer, langer Zeit, da gerieten die Argonauten in einen tosenden Sturm. Apollon soll sie gerettet haben, indem er einen Lichtstrahl auf die Hafenbucht eines felsigen Eilands lenkte – Anafi, die *Strahlende*, nannten die Geretteten die Insel.

Heute ist es für die Fähren anscheinend nicht mehr ganz so einfach, Anafi anzusteuern. Nur 22 km östlich von Santorini und doch fernab der Touristenhochburg ragt das Eiland aus dem Meer. Aufgrund eher seltener Fährverbindungen liegt noch immer der Reiz des Abgelegenen über der Insel, ebenso wie das Risiko, besonders bei stürmischem Wetter, nicht so rasch wieder fortzukommen.

Bei der Anfahrt auf Anafi wirkt die 38 km^2 große Insel mit ihren fast senk-

Oben: *Paradiesische Zustände – auf Anafi hat man die herrlichsten Strände noch ganz für sich alleine*
Unten: *Der marmorne Sarkophag gehört zu den Überresten der antiken Stadt Anaphe*

recht ins Meer stürzenden Felswänden eher abweisend. Entlang der **Südküste** erstrecken sich jedoch einige schöne Sandstrände. Das hat sich inzwischen herumgesprochen. Besonders Rucksackreisende, die gern am Strand übernachten, schätzen die Abgeschiedenheit der Insel. Einfache Privatunterkünfte bieten die beiden einzigen Ortschaften, der kleine Hafen **Agios Nikolaos** und die auf einem 250 m hohen Fels gelegene strahlend weiße **Chora** (auch Anafi), die über eine Serpentinenstraße zu erreichen ist.

Die etwa 300 Inselbewohner stellen sich erst nach und nach auf den Tourismus ein, noch leben sie größtenteils von der Landwirtschaft, die sich auf die Westküste unterhalb des 582 m hohen Berges *Vigla* konzentriert.

Über Maultierpfade und Erdpisten gelangt man von den beiden Ortschaften zu den Stränden an der **Südküste**. Rund um den *Ormos Katalimatsa* liegen die schönsten und feinsten Sandstrände der Insel, doch an ihnen gibt es kaum Schatten spendende Bäume. Oberhalb der Bucht, an den Hängen des 304 m hohen *Kastelli*, trifft man auf die Überreste der antiken Stadt **Anaphe**, die um 1000 v. Chr. von Dorern gegründet wurde. Ein gut erhaltener Marmorsarkophag, mehrere kopflose Marmorstatuen sowie etliche Gräber liegen verstreut in der Landschaft.

Entlang der Küste erreicht man nach wenigen Kilometern das *Kap Kalamos* im äußersten Osten. Von der Kalamos-Bucht führt ein Pfad hinauf zum **Moni Zoodochou Pighi** (›Quelle des Lebens‹). Das im 18. Jh. auf den Fundamenten eines Apollontempels errichtete, heute verlassene Kloster öffnet nur einmal im Jahr, am 8. September, seine Pforten. An diesem Tag pilgern die Inselbewohner zu der in der Kirche aufbewahrten *Marienikone*. Von der Klosteranlage führt ein steiler, schattenloser Weg hinauf zum Gipfel des *Kalamos* (396 m). Für die Anstrengungen wird man mit einer grandiosen Aussicht belohnt.

i Praktische Hinweise

Information

Schiff: Es besteht eine Verbindung mit Piräus. Während der Hauptsaison verkehren auch Fähren zwischen Santorini und Anafi.
Anafi Hafen: Tel. 22 86 06 12 16
Piräus Hafen: Tel. 14 40
Santorini Hafen: Tel. 22 86 02 22 39

Ein bunt zusammengewürfelter Haufen – die Chora von Ios besticht besonders während der Abenddämmerung durch ihre Lage an einem steil aufragenden Bergkegel

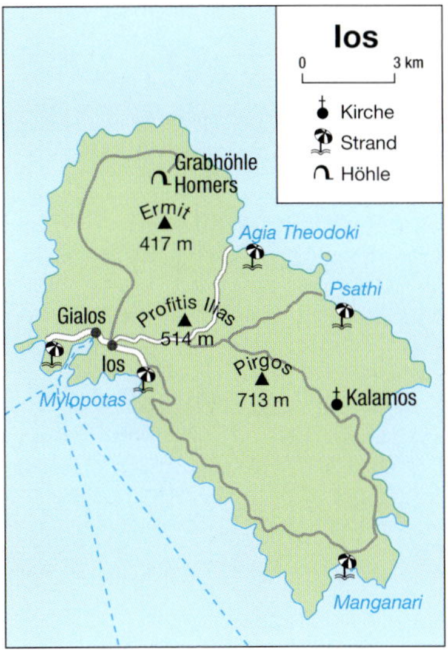

17 Ios

Die Partyinsel mit schönen Stränden wurde von den Hippies entdeckt.

Anfang der 1970er-Jahre avancierte das damals touristisch noch kaum erschlossene Eiland Ios (gesprochen I-os) zum Treffpunkt junger Leute aus aller Welt. Seit dieser Zeit wird die malerische Chora in den Sommermonaten allnächtlich zur Partyzone erklärt. Die Bewohner nehmen den ganzen Rummel gelassen hin. Und dank der deutlich verbesserten Infrastruktur kommt inzwischen auch älteres Publikum auf die Insel.

Ios (108 km^2, 1600 Einw.) ist von einer kargen, wasserarmen Felslandschaft geprägt, an den Küsten öffnen sich jedoch immer wieder schöne Buchten mit feinsandigen Stränden.

Der Hafenort **Gialos** (auch Ormos), an einer tief eingeschnittenen Bucht im Südwesten der Insel gelegen, bietet eine gute touristische Infrastruktur, Hotels und Restaurants in einer großen Auswahl, einen breiten Sandstrand sowie Kaffeehäuser für lange Nachmittage am Kai. Gleichwohl bevorzugen die meisten Urlauber die hoch oben am Fels gelegene Chora, die mit dem Bus oder zu Fuß auf dem vormaligen Maultierpfad zu erreichen ist, oder den nicht weit entfernten Mylopotas-Strand.

TOP TIPP Unter den weißen Kykladendörfern ist die **Chora** von Ios, die einen steilen Bergkegel bedeckt, eines der schönsten. Die alten, verschachtelten Häuserwürfel sind von der modernen Wohn- und Hotelsiedlung durch ein tiefes Tal getrennt und blieben dadurch vor größeren Bausünden bewahrt. In einem neoklassischen Gebäude ist das **Archäologikó Moussío** (Tel. 22 86 09 12 46, Di–So 8.30–15 Uhr) untergebracht, das Ausgrabungsfunde von Ios präsentiert. Dabei handelt es sich um Keramiken und Inschriften aus der römischen Antike sowie prähistorische kykladische Objekte und Figuren.

Ios ist die Insel der Kirchen und Kapellen, einer örtlichen Legende nach gibt es genau 365. Die meisten von ihnen sollen von reumütigen Piraten gestiftet worden sein, die ihr Unwesen in der Ägäis trieben und denen das Eiland als Stützpunkt diente. Natürlich entstanden auch in der Chora im Laufe der Jahrhunderte einige sehenswerte Gotteshäuser. In der Nähe der Busstation stehen dicht beieinander die sehr alte **Agia Aikaterini** (ihr Sockel liegt 1 m unterhalb des Straßenniveaus)

Ein ungleiches Paar – die wohlproportionierte Gremiotissa-Kirche und die winzige Agios-Nikolaos-Kapelle über der Chora

Sonnenanbeter – der beliebte Mylopotas-Strand an der Westküste von Ios zieht besonders das jüngere Publikum an

und die große **Verkündigungskirche**. Auf dem Weg zum Gipfel passiert man die durch ihre blaue Kuppel und eine hoch gewachsene Palme weithin sichtbare **Gremiotissa-Kirche** (›über dem Abgrund liegend‹), deren Name exakt die Lage direkt am Steilhang beschreibt. Ganz oben auf dem Hügel, an der Stelle, an der einst die antike Stadt und später die venezianische Burg thronte, erhebt sich heute die **Agios-Nikolaos-Kapelle**. Von hier hat man einen sehr schönen Blick auf das Meer und zu den flügellosen weißen Windmühlen am gegenüberliegenden Hang.

Von den Kirchen und Klöstern außerhalb der Chora lohnt besonders die **Pilgerkirche Kalamos** einen Besuch. Über eine Schotterpiste, die durch die faszinierende Bergwelt von Ios führt, erreicht man den weiß gekalkten Komplex aus Kirche und Pilgerzellen, der nicht mehr genutzt, aber noch immer gepflegt wird. Ende August, zum Kirchenfest des hl. Johannes, wird eine Ikone hinaufgetragen, und die Inselbewohner kommen in Scharen, um miteinander zu feiern.

Gleich sieben Orte in Griechenland beanspruchen für sich, Geburtsstätte des berühmten Dichters **Homer** zu sein – unter ihnen Ios. Im Norden der Insel soll sogar sein Grab liegen. Die **Grabhöhle** am Nordhang des *Ermits* (417 m) stammt allerdings aus späterer Zeit.

Zu den schönsten Badeplätzen der gesamten Kykladen gehört der rund TOP TIPP 1 km lange, feinsandige **Mylopotas-Strand**. In den letzten Jahren entstanden hier einige Hotelanlagen, die auf die Kykladenarchitektur der Umgebung weitgehend Rücksicht nahmen. Weitere schöne Strände sind der von Gialos sowie *Koumbara* in der westlich angrenzenden Bucht (auch FKK) und *Kolitzani* zwischen Hafen und Mylopotas. Wer einsame Buchten bevorzugt, sollte den langen *Agia-Theodoki-Strand* an der Nordostküste aufsuchen und die östlich angrenzende, bei Surfern sehr beliebte *Bucht von Psathi*. *Plakoto* und *Kampaki* an der Nordküste sind nur auf unbefestigten Straßen oder mit dem Boot zu erreichen, die Strände im Südwesten und Süden über eine Schotterpiste. *Manganari* bietet mehrere sandige, von Felsen gesäumte Buchten, zwei Tavernen und nur wenige Unterkunftsmöglichkeiten.

i Praktische Hinweise

Information

Acteon Travel Agency, Büros am Hafenplatz, in der Chora und über dem Mylopotas-Strand, Tel. 22 86 09 13 43, Fax 22 86 09 10 88, www.acteon.gr

Bus: Es verkehen Busse zwischen Koumbara-Strand, Gialos, Chora und Mylopotas-Strand. www.ktel.org

Schiff: Es gibt Fährverbindungen mit Piräus und Rafina sowie mit Santorini und den Westkykladen.
Ios Hafen: Tel. 22 86 09 12 64
Santorini Hafen: Tel. 22 86 02 22 39
Piräus Hafen: Tel. 14 40
Rafina Hafen: Tel. 22 94 02 88 88

Hotels und Apartments

***Far Out Hotel & Spa**, Mylopotas, Tel. 22 86 09 14 46, Fax 22 86 09 17 01, www.faroutclub. com. Komfortables Hotel mit Pool. Ein angeschlossener Campingplatz mit Hütten, Bungalows und großem Pool liegt am Südende des Strandes.

***Ios Palace**, Mylopotas, am Hang über dem Strand, Tel. 22 86 09 12 69, Fax 22 86 09 10 82, in Athen Tel. 21 08 98 33 88, Fax 21 08 98 33 89, www.iospalacehotel.com. Großzügige Hotelanlage, angeschlossen ist ein hübsches ›Dorf‹ im kykladischen Stil.

***Liostasi**, Germoli, Ios-Stadt, Tel. 22 86 09 21 40, Fax 22 86 09 26 80, www.liostasi.gr. Die kleine, komfortable Anlage bietet 30 Zimmer und Suiten mit Meerblick, Pools und Jacuzzi, Internet-Service und Zubringerdienst vom Hafen.

Lofos Village, Ios-Stadt, Tel. 22 86 09 24 81, Fax 22 86 09 24 80, www.lofosvillage.com. Hotel mit 20 Zimmern, z. T. mit Blick auf die Altstadt. Mit Swimmingpool.

Petra Holiday Village, Gialos, Tel. 22 86 09 14 09, Fax 22 86 09 10 49, www.iospetra.gr. Gepflegte Studios und Apartments mit schöner Terrasse, ruhige Lage am Hang über dem Strand.

Restaurants

Akrogiali, Gialos, am Hafen, Tel. 22 86 09 10 96. Verführerische Frühstücksauswahl sowie kleine Snacks.

O Lordos Byron, Ios-Stadt, Tel. 22 86 09 21 25. Die Wände des Restaurants sind mit Harpunen, Masken und Heiligenbildern bestückt, dazu gibt es eine einfallsreiche Küche.

Pinocchio, Ios-Stadt, Tel. 22 86 09 14 70. Beliebtes italienisches Lokal, diverse Nudelgerichte, Pizza und Weine.

Polydoros, Koumbara, Tel. 22 86 09 11 32. Griechische Gerichte wie Tzatziki, Taramosalata (Fischrogenpüree), Fischsuppe, Meeresfrüchte und auch vegetarische Spezialitäten.

18 Sikinos

Verschlafenes Eiland zwischen Ios und Folegandros.

Nur wenige Kilometer westlich von Ios liegt Sikinos, eine 41 km^2 große, vom Tourismus bislang noch wenig berührte Insel. Sie wird auf ganzer Länge von einem Gebirge durchzogen, dessen höchste Erhebung, der *Troullos*, 553 m erreicht. Während sich der Norden steil und rau

In der hoch gelegenen Chora von Sikinos ist man den Wolken ganz nahe. Die Kirche Agios Stavros und zwei Herrenhäuser rahmen die zentrale Platia

zeigt, ist der Süden sanfter. Hier gedeihen auf Terrassenfeldern Weinreben und Getreide. Da der Tourismus auf Sikinos bislang nicht allzu viel abwirft, leben die rund 300 Einwohner nach wie vor überwiegend von der Landwirtschaft und dem Fischfang.

Der erst im 20. Jh. gegründete Hafenort **Alopronia** erstreckt sich an der Südküste von Sikinos. Hier gibt es etliche Privatunterkünfte und ein Hotel. Die wenigen Häuser, die meist nur in den Sommermonaten genutzt werden, liegen verstreut am Hang. Eine betonierte Straße führt auf die Nordwestseite der Insel, wo sich der Hauptort, der aus den beiden Teilen Chora und Chorio besteht, in 260 m Höhe malerisch über der Steilküste erhebt. Die Platia der **Chora** wird von zwei schlichten Herrenhäusern (18. Jh.) und der Kirche *Timios Stavros* (1787), die mit einer sehenswerten Ikonostase ausgestattet ist, gesäumt. Das heute verlassene Marienkloster *Zoodochos Pighi* thront auf einem nach Norden hin steil abfallenden Felsen oberhalb der Chora. Von einer 5 m hohen Wehrmauer umgeben, diente es den Bewohnern von Sikinos in früheren Jahrhunderten als Unterschlupf während Piratenüberfällen. Von hier oben hat man einen herrlichen Blick auf die Insel und hinüber bis nach Folegandros.

Über den neueren Ortsteil **Chorio** erreicht man in etwa einstündiger Wanderung, die entlang des Bergmassivs in südwestlicher Richtung führt, den Gipfel des Troullos. Etwas unterhalb befindet sich die größte Sehenswürdigkeit der Insel, das Kloster **Moni Episkopi**. Das ur-

Kann seine Vergangenheit nur schlecht verbergen – das winzige Kloster Moni Episkopi war einst ein römisches Grabmal

Oben: *Die tiefblaue Agios-Georgios-Bucht von Sikinos lädt zur Entdeckung der Unterwasserwelt ein*
Unten: *Fischer im Hafen von Alopronia*

sprünglich römische Grabmal (*Heroon*) mit den schlanken dorischen Säulen und dem inschriftengeschmückten Architrav wurde im 7. Jh. in eine christliche Kirche umgewandelt und im 17. Jh. in einen Klosterkomplex integriert.

Attraktive, zum Teil von Kieselsteinen bedeckte **Strände** sind in der *Agios-Nikolaos-Bucht* nordöstlich vom Hafen und in der *Agios-Georgios-Bucht* weiter nördlich zu finden. Letztere ist jedoch nur mühsam zu Fuß, besser per Boot zu erreichen.

i Praktische Hinweise

Information

Bus: Es gibt eine Verbindung zwischen dem Hafen und der Chora. www.ktel.org

Schiff: Fähren von Piräus oder Milos nach Santorini legen oft in Sikinos an, natürlich auch in Gegenrichtung.
Piräus Hafen: Tel. 14 40

Hotel

*****Porto Sikinos**, Alopronia,
Tel. 22 86 05 12 20, Fax 22 86 05 12 47, www.portosikinos.gr. Hotel im traditionellen Kykladenstil mit Bar und Restaurant, Zimmer mit Meeresblick.

19 Folegandros

Karg und felsig ragt Folegandros aus dem Meer.

Das lang gestreckte Felseiland Folegandros gehört mit 32 km² zu den kleineren unter den besiedelten Kykladen (etwa 660 Einw.). Bei der Einfahrt in den Hafen wirkt die Insel, die von einem schroffen, an der Küste steil abfallenden Gebirgsmassiv durchzogen wird, karg und ab-

Der Meltemi – ein wilder Urlaubsbegleiter

Wenn im Hochsommer auf den Kykladen wieder einmal nichts mehr geht, weder Fischerboote noch Fähren auslaufen, dann ist bestimmt **Meltemi** unterwegs, der trockene Wind, der kräftig aus nördlicher Richtung pustet. Er sorgt für angenehme Temperaturen, für erstaunlich klare Sicht und strahlende Farben. Am stärksten weht der Meltemi im Juli und August. Mit schöner Regelmäßigkeit braust er am Vormittag auf, erreicht am frühen Nachmittag seine größte Stärke und lässt erst am Abend wieder nach. Erreicht der Sturm **höhere Windstärken**, verzichten sogar größere Schiffe auf ein Auslaufen. Und da der Meltemi durchaus mehrere Tage andauern kann, sollte man auf den Kykladen immer eine kleine Zeitreserve haben.

weisend. Seit dem Bau der Hafenmole Mitte der 1980er-Jahre ist Folegandros besser erreichbar und die Besucherzahlen steigen stetig. Wenn es jedoch allzu heftig stürmt, können die Fähren in der schmalen Bucht von *Karavostassi* nicht mehr andocken, und der Aufenthalt auf der Insel wird dann länger als geplant.

Eine asphaltierte Straße führt vom Hafenstädtchen Karavostassi (›Schiffsanlegestelle‹) zum Hauptort Chora und weiter nach Ano Meria. Die **Chora** von Folegandros besticht durch eine atemberaubende Lage dicht am Abgrund einer 300 m in die Tiefe stürzenden Felswand. Das im Kern mittelalterliche **Kastroviertel** wurde 1212 von dem Venezianer *Marco Sanudo* zum Schutz vor Piratenüberfällen erbaut. Das fast quadratische Burgareal erhielt jedoch keine Wehrmauer, vielmehr stellte man zweigeschossige Häuser dicht an dicht und bildete so eine uneinnehmbare Festung.

Das **Choraviertel** ist jüngeren Datums und die Bebauung lockerer. Mehrere, meist jedoch verschlossene Kirchen sind sehenswert, vor allem die aus dem 16. Jh. stammende *Eleoussa* und die *Pantanassa* mit ihrer holzgeschnitzten Ikonostase. Will man die Gotteshäuser auch von innen besichtigen, muss man die Schlüssel in der Nachbarschaft organisieren. Mehrere schattige Plätze mit Tavernen bieten sich anschließend für eine Rast an.

Von Chora führt ein steiler Serpentinenweg hinauf zu der an einem Steilhang gelegenen, weiß leuchtenden **Panagia-Kirche**. Im 19. Jh. errichtet, ist sie mit ihrer weiten Kuppel, der Säulenvorhalle und dem abseits stehenden Campanile ein schönes Beispiel griechischer Neorenaissance. Von hier hat man einen großartigen Ausblick auf die terrassierten Felder der gegenüberliegenden Berge. Wer noch ein Stück weiter hinaufklettert, kann von der Abbruchkante mehr als 300 m in die Tiefe schauen.

TOP TIPP

Etwa 5 km westlich von Chora liegt inmitten von Terrassenfeldern das Bauerndorf **Ano Meria**. Es gibt keine Unterkünfte, aber ein paar Tavernen und Kafenia sowie ein kleines *Volkskundemuseum* (Di–So 8.30–15 Uhr), das landwirtschaftliche Geräte ausstellt und einen Einblick in den bäuerlichen Alltag gibt.

Zu den schönsten **Stränden** von Folegandros führen teils längere Spazierwege. Gut zu Fuß zu erreichen sind die Buchten südlich von Karavostassi, *Latinaki*, *Vitsetsou*, *Poundaki* und der lange, von Tamarisken gesäumte Sand-/Kiesstrand *Livadi*. Hier befindet sich auch ein Campingplatz. *Vardia*, eine schöne kleine Felsbucht, liegt nördlich vom Hafen. Als einer der schönsten Badeplätze gilt der naturbelassene Strand der *Katergo-Bucht* nahe dem Südkap von Folegandros. Auf dem Landweg sind etwa 2 Std. zu veranschlagen, von Mitte Juni bis Mitte September wird er bei gutem Wetter jedoch auch von Booten angesteuert. Rund um *Angali* findet man gleich mehrere Strände: Angali selbst, wo man auch Zimmer mieten kann, *Fira*, *Captain Yannis* und *Agios Nikolaos*. Über Ano Meria erreicht man in einem einstündigen Fußmarsch den *Livadaki-Strand*. Während der Hochsaison verkehren Boote von und nach Angali.

i Praktische Hinweise

Information

Maraki Tours & Travel, Folegandros-Stadt, Tel. 22 86 04 12 73, während der Saison auch am Hafen, Tel. 22 86 04 11 98, Fax 22 86 04 11 49.

Sottovento, Folegandros-Stadt, Tel. 22 86 04 14 44, Fax 22 86 04 14 30

Bus: Es bestehen Busverbindungen von Porto/Karavostassi nach Folegandros-

Stadt und von Folegandros-Stadt nach Ano Meria, außerdem jeweils etwa 1 Std. vor Abfahrt eines Schiffes von Folegandros-Stadt zum Hafen. www.ktel.org

Schiff: Es gibt Verbindungen mit Piräus, während der Saison auch mit Santorini, Ios und Milos.
Folegandros Hafen: Tel. 22 86 04 15 30
Piräus Hafen: Tel. 14 40

Hotels und Apartments

*****Anemomilos Apartments**, Folegandros-Stadt, Tel. 22 86 04 13 09, Fax 22 86 04 14 07, www.anemomilos apartments.com. Moderne, im kykladischen Stil errichtete Anlage, die sich über mehrere Terrassen den Steilhang entlangzieht, großartiger Ausblick.

*****Vrachos**, Karavostassi, oberhalb des Strandes gelegen, Tel. 22 86 04 13 04, Fax 22 86 04 12 92, www.folegandros-greece.com. Angenehme Zimmer, große Terrasse, gutes Frühstück.

****Castro**, Folegandros-Stadt, Tel. 22 86 04 12 30, in Athen Tel./Fax 21 07 78 16 58. Stilvolles Hotel in einem restaurierten Haus des Kastroviertels. Von der Dachterrasse hat man einen grandiosen Ausblick auf Stadt und Meer.

****Polikandia**, Folegandros-Stadt, am Ortseingang, Tel. 22 86 04 13 22, Fax 22 86 04 13 23, in Athen Tel. 21 06 82 54 84. Angenehmes Hotel, mit einem begrünten Hof mit Palmen und Rosen.

Restaurants

Nicolas Michailides, Folegandros-Stadt, gegenüber Maraki Tours, Tel. 22 86 04 12 26. Überaus vielfältige Auswahl, mehrere vegetarische Gerichte. Während der Saison häufig Musik- und Tanzdarbietungen.

Synandisi, Ano Meria, beim Buswendeplatz, Tel. 22 86 04 12 08. Ländlich-gemütliches Lokal. Hier bekommt man ausgezeichnete *Matsata*, eine Inselspezialität mit Rebhuhnfleisch.

Nur für Schwindelfreie – die strahlend weiße Panagia-Kirche erhebt sich auf einem Steilfelsen in atemberaubender Höhe über dem Meer

Der Westen – wo die Athener Urlaub machen

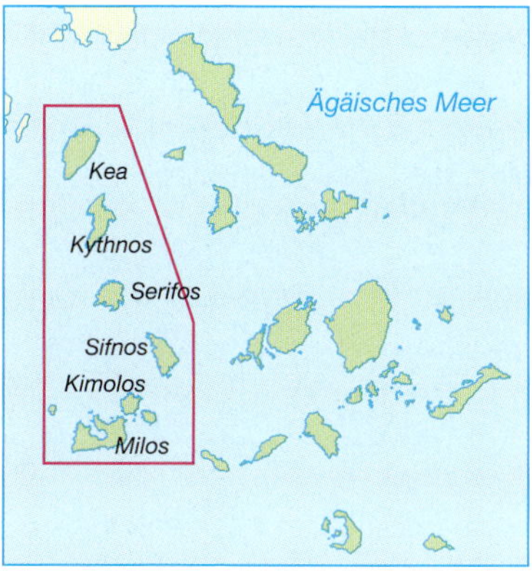

Die Inseln am Westrand der Kykladen werden selten von den ausländischen Reisenden besucht. Gleichwohl gibt es hier einige großartige landschaftliche Schönheiten zu entdecken. Die Festlandgriechen hingegen, speziell die Athener, wissen ganz genau, was direkt vor ihrer Haustür lockt, z. B. lange Strände und malerische Dörfer auf **Kythnos** und **Kea**. Viele Hauptstädter haben sich hier ein Ferienhaus errichtet und kommen für das Wochenende auf einen Sprung herüber. Der Einfluss des Festlandes ist deutlich spürbar, und die *weißen Dörfer*, die hier nicht weniger labyrinthisch angelegt sind als anderswo auf den Inseln, setzen mit ihren für die Kykladen so untypischen roten Ziegeldächern doch ungewohnte Farbtupfer. Rot ist auch eine der Farben von **Milos**. Das vulkanische Eiland – landschaftlich fast ebenso spektakulär wie Santorini – wurde bei einem *Vulkanausbruch* beinahe in zwei Hälften gerissen. Bei einer Fahrt durch die Caldera und um die zerklüftete Insel herum sieht man steil abfallende Felswände, in allen Rot- und Gelbtönen schimmernde Gesteinsformationen und traumhafte Buchten. Und wer wollte nicht immer schon einmal durch Tunnel und Grotten schwimmen, die das Meer eindrucksvoll in den Fels gegraben hat?

20 Milos

Plan Seite 109

Insel vulkanischen Ursprungs mit bizarren, farbenprächtigen Felsformationen.

Im äußersten Südwesten der Kykladen gelegen, spielt Milos touristisch eine bislang eher unbedeutende Rolle. Vielleicht ist es seine Randlage, vielleicht aber auch seine wirtschaftliche Unabhängigkeit, die es dem Abbau verschiedener Mineralien verdankt. Denn eigentlich hat das Eiland viel zu bieten, eine spektakuläre Landschaft, Strände rundherum und mehrere typische weiße Kykladendörfer. Der tief eingeschnittene *Ormos Milou* teilt die 151 km² große Insel in zwei Hälften. Die rund 4500 Bewohner leben überwiegend im Ostteil von Milos, dort, wo sich auch die Touristenzentren befinden, im alten Hauptort **Plaka**, in der lebendigen kleinen Hafenstadt **Adamas** und in **Pollonia**, wo es viele Ferienwohnungen gibt. Der gebirgige Westen mit dem 741 m hohen *Profitis Ilias* ist dagegen beinahe menschenleer.

◁ Malerische Lage – das Kloster Moni Chrisopigi erhebt sich auf einer Landzunge im Süden von Sifnos

Geschichte Der Golf von Milos, griechisch Ormos Milou, ist das maritime Herzstück der Insel und zugleich ihr verlorenes Zentrum. Denn ebenso wie auf Santorini wurde auf Milos der Vulkankegel durch eine gewaltige Explosion weggesprengt. Zurück blieb die **Caldera**, der Einsturzkrater. Während sich der große Vulkanausbruch auf Santorini um 1645 v. Chr. ereignete, sind seit der letzten Eruption auf Milos Hunderttausende von Jahren vergangen.

Bereits in prähistorischer Zeit, vermutlich um 7000 v. Chr., wurde Obsidian, ein hartes vulkanisches Gestein, das als Schneidewerkzeug diente, von Milos in den östlichen Mittelmeerraum exportiert. Die frühesten Siedlungsspuren al-

Fast wie ein Binnensee wirkt der tief eingeschnittene Ormos Milou

lerdings reichen nur bis ins 3. Jahrtausend v. Chr. zurück. Das damals an der Nordostküste gegründete **Filakopi** war auch in minoischer und mykenischer Zeit noch bewohnt. Um 1100 v. Chr. schließlich eroberten Dorer die Insel, zerstörten die Stadt und gründeten im Tal über der heutigen Fischersiedlung Klima den Ort Melos. Während der Perserkriege im 5. Jh. v. Chr. unterstützte Milos Athen. Im **Peloponnesischen Krieg** jedoch blieb das Eiland neutral und musste dafür bitter bezahlen. Es wurde in der Folge von dem mächtigeren Stadtstaat erobert und seine Einwohner wurden ermordet oder verschleppt.

In byzantinischer Zeit verlagerten die Milier – wohl wegen der wachsenden Gefahr von Piratenüberfällen – ihre Hauptstadt ins Landesinnere, nach **Paläa Chora** (heute Zefiria). Einige Jahrhunderte später allerdings, während der osmanischen Herrschaft, als sich Milos dank seines günstigen Naturhafens zu einem beliebten Piratenunterschlupf entwickelte, waren Teile der Bevölkerung selbst an den Beutezügen beteiligt. 1677, auf dem Höhepunkt der Entwicklung, rief sich Pirat *Ioannis Kapsis* höchstpersönlich zum **König von Milos** aus und ließ sich in der Kathedrale sogar krönen. Doch bereits wenige Jahre später wurde er von den Türken gefangen genommen und hingerichtet. Am griechischen Befreiungskrieg ab 1821 beteiligten sich die Milier vor allem mit Seeleuten und Lotsen.

Dank seiner mineralischen Bodenschätze ist Milos recht wohlhabend. Pro Jahr werden nahezu 2 Mio. Tonnen Industriemineralien, besonders *Bentonit* und *Perlit*, im Tagebau gefördert, eine gewaltige Menge, und folglich zeigt manche Bergflanke klaffende Wunden.

Plaka und der Inselosten

Das Leben konzentriert sich auf die nordwestliche Landzunge von Milos, hier befinden sich alle wichtigen Ortschaften. So z. B. **Adamas**, das stetig wachsende Hafenstädtchen, das sich mit seinem breiten Angebot an Hotels, Pensionen und Restaurants zum touristischen Zentrum der Insel entwickelte.

Unweit vom Hafen steht die älteste Kirche von Adamas, die im 13. Jh. errichtete und im 17. Jh. umgebaute, tonnenüberwölbte **Agia Triada** (›Heilige Dreifaltigkeit‹). Sie bewahrt im *Kirchenmuseum* (Di–So 18–21 Uhr) kostbare Ikonen des kretischen Malers *Emanouil Skordilis*, die Landsleute auf ihrer Flucht vor den Türken Anfang des 19. Jh. mitbrachten. Das Kieselmosaik auf dem Vorplatz – den Kampf zweier Kentauren darstellend –

schuf der aus Milos stammende Künstler *Jagos Kavroudakis* 1937. Ein weiteres seiner Mosaike findet man vor der **Agios-Charalambos-Kirche**, die sich am höchsten Punkt der Stadt erhebt. Hier können Ikonen aus der zerstörten Panagia-Portiani-Kirche der alten Hauptstadt Paläa Chora besichtigt werden.

Jüngste Attraktion ist das moderne, behindertengerecht ausgebaute **Metalleutiko Moussío** (Tel. 22 87 02 24 81, www.milosminingmuseum.gr, Juli–15. Sept. tgl. 9–14 und 18–21, sonst Di–Sa 10–14.30 Uhr). Das Bergbaumuseum gibt auch Nichtgeologen eine interessante Einführung in die erdgeschichtliche Entwicklung der Vulkaninsel Milos. Ausgestellt werden Werkzeuge, Maschinen, Mineralien und historische Fotografien.

Anders als das lebhafte und laute Hafenstädtchen Adamas präsentiert sich **Plaka**, der in 4 km Entfernung auf einem Felsplateau gelegene Hauptort der Insel, als ein traditionelles Kykladendorf mit stillen Gassen. Ein erster Spaziergang führt hinauf zum 280 m hohen *Kastrohügel*, einem Kegel aus vulkanischem Gestein. Auf den Ruinen der venezianischen Festung aus dem 13. Jh. erhebt sich heute die Kapelle **Mesa Panagia** (›Mariä Himmelfahrt‹). Von hier hat man eine großartige Aussicht auf die unterhalb gelegene Kuppelkirche *Panagia Thalassitra*, auf Plaka und die weit geschwungene Caldera-Bucht von Milos. Der Blick reicht bis zum Berg *Profitis Ilias*,

TOP TIPP

Oben: *Der moderne Hafenort Adamas bietet viele schöne Hotels und Restaurants*
Unten: *Eine echt gemütliche Wohnstube aus dem 19. Jh. kann man im Volkskundemuseum von Plaka besichtigen*

Die abenteuerliche Reise der Venus von Milo nach Frankreich

Auf dem Gelände des antiken **Melos** entdeckte der Bauer Georgios Kentrotas im April 1820 beim Pflügen eine überlebensgroße, in mehrere Teile zerbrochene Marmorstatue, die später als **Venus von Milo** berühmt wurde. Doch der Reihe nach: Zufällig weilte ein französischer Offizier namens Olivier Voutier gerade auf Milos, bekam Kunde von dem **spektakulären Fund** und informierte den Konsul. Zusammen mit dem französischen Botschafter in Istanbul beschloss man, die Skulptur für Frankreich zu erwerben. Als jedoch der Botschaftssekretär auf Milos eintraf, um das Geschäft abzuschließen, waren ihm die türkischen Inselverwalter zuvorgekommen. Die Bruchstücke der Venus – bestimmt für einen **osmanischen Prinzen** – befanden sich zum Abtransport nach Istanbul auf einem Segelschiff. In zähen Verhandlungen gelang es, die Marmorstatue doch noch in **französischen Besitz** zu bringen – natürlich gegen einen ordentlichen Aufpreis. Bei dem Gerangel um die Liebesgöttin gingen jedoch ihre **beiden Arme** verloren. Bauer Kentrotas und Offizier Voutier berichteten, sie kurz nach Auffindung der Skulptur noch gesehen zu haben. Doch bereits beim Verladen auf das französische Schiff waren sie verschwunden und tauchten nie wieder auf. Bei der Ankunft in Frankreich wurde die Statue **König Ludwig XVIII.** überreicht. Heute ist die Venus von Milo im **Pariser Louvre** zu bewundern. Das auch Aphrodite von Melos genannte **griechische Meisterwerk** aus Parischem Marmor (2. Jh. v. Chr.) verbindet auf reizvolle Weise das Körperideal der Klassik mit der Sinnlichkeit des Hellenismus.

Eine göttliche Statue für die Göttin der Liebe – die berühmte Venus von Milo wurde 1820 auf Milos wieder entdeckt

zum Nachbareiland Kimolos und bei klarer Sicht sogar bis zu der weit im Osten gelegenen Insel Folegandros.

Auch die Terrasse der **Panagia Korfiotissa** bietet eine grandiose Aussicht auf die umliegende Landschaft. Die im 19. Jh. erbaute Kirche besitzt mehrere kostbare Ikonen sowie ein vergoldetes, mit Holzschnitzereien verziertes Epitaph (16. Jh.). In unmittelbarer Nachbarschaft liegt das **Volkskundemuseum** (Tel. 22 87 02 12 92, Di–Sa 10–14 und 18–21 Uhr, So 10–14 Uhr), untergebracht in einem alten Wohnhaus mit teilweise noch originaler Einrichtung. Küche, Wohnzimmer und Webstube können besichtigt werden. Die Exponate, neben Haushalts- und Arbeitsgerät auch Trachten, Karten und Waffen, geben einen Einblick in das Alltagsleben auf der Insel seit dem 17. Jh. Das nicht minder sehenswerte **Archäologikó Moussío** (Tel. 22 87 02 16 20, sommers Di–So 8–17, winters Di–So 8–15 Uhr) ist in einer klassizistischen Villa im unteren Ortsteil untergebracht, zu erreichen über die Straße nach Tripiti. In der Eingangshalle wird man von einer Gipskopie der weltberühmten *Venus von Milo* begrüßt. Das Original befindet sich im Pariser Louvre. Die Ausstellungsstücke reichen von neolithischem Obsidianwerkzeug bis zu römischen Statuen. Bedeutendstes Exponat ist die *Göttin von Filakopi*, eine 45 cm hohe Terrakottafigur aus mykenischer Zeit.

Südlich von Plaka, unterhalb der kleinen Ortschaft Tripiti, liegen die Reste des antiken **Melos**, die über eine Asphaltstraße zu erreichen sind. Einzig das *Römi-*

sche Theater aus dem 3. Jh. n. Chr. hat die Zeit einigermaßen schadlos überstanden, noch sieben Sitzreihen sind erhalten. Nach einer Restaurierung soll das Theaterrund wieder für Festspiele genutzt werden. Ganz in der Nähe markiert ein Schild den Fundort der Venus von Milo.

Ein Stück weiter auf der Asphaltstraße erreicht man die Mitte des 19. Jh. wieder entdeckten frühchristlichen **Katakomben von Milos** (Tel. 22 87 02 16 25, sommers Di–So 8–17, winters Di–So 9–13 Uhr), die sich in insgesamt drei Tuffsteinhöhlen über eine Länge von knapp 200 m erstrecken. Die rund 300 Grabnischen, die jeweils aus mehreren Kammern bestehen, sind durch Gänge miteinander verbunden. Für die Besichtigung freigegeben ist aber nur die mittlere Höhle. In jeder Grabkammer sind vermutlich mindestens fünf Menschen bestattet worden, die Katakomben boten also insgesamt Platz für etwa 8000 Tote. Aus den erhaltenen Inschriften geht hervor, dass die Höhlen der frühchristlichen Gemeinde von Milos vom 1. Jh. bis zum 5. Jh. als Begräbnisstätte dienten. Damit ist sie eine der frühesten, noch erhaltenen Stätten des Christentums auf den Kykladen.

Von den Katakomben führt ein Pfad nach **Klima**, einem stillen kleinen Fischerdorf am Ormos Milou. Entlang der Uferzeile stehen winzige weiß getünchte Fischerhäuschen dicht beieinander. Die Wohnräume in der 1. Etage werden während der Sommermonate von den Eignern bewohnt oder an Urlaubsgäste vermietet, im Erdgeschoss befindet sich jeweils der Bootsschuppen.

Inselrundfahrt

Die asphaltierten Straßen von Milos führen strahlenförmig von der Caldera zu den Küsten. Daher erschließt sich die zerklüftete Vulkaninsel mit ihren bizarren Felsformationen und den traumhaften Buchten am besten vom Meer aus.

Die Strände der größtenteils von steil abfallenden Felswänden geprägten **Nordküste** sind von Plaka aus über mehr oder weniger gut ausgebaute Straßen zu erreichen. Zur **Bucht von Plathiena** im äußersten Nordwesten führt eine Piste hinab. Linker Hand des 150 m langen Sandstrandes ragen die *Bärenfelsen* (Ar-

Wer braucht bei einer solchen Landschaftskulisse schon eine Theaterwand? Die Überreste des Römischen Theaters von Melos sind auch dank der Lage eindrucksvoll

Fantastische Gebilde aus Bimsstein in der Bucht von Sarakiniko

koudes), zwei bizarre, über 10 m hohe Formationen vulkanischen Gesteins aus dem Meer. Andere Buchten, die von *Firopotamos*, *Mandrakia* und *Sarakiniko*, verfügen über kleine Sand- oder Kiesstrände und sind wegen ihrer fantastischen Felslandschaft, den rauen Klippen und den glatten, windgeschliffenen Kegeln sehenswert.

Von Plaka oder Adamas aus erreicht man in östlicher Richtung die über der Steilküste gelegene, frei zugängliche Ausgrabung von **Filakopi**. Von dem zwischen 2600 und 1100 v. Chr. besiedelten Ort blieben jedoch nur bescheidene Reste übrig. Unterhalb der alten Hauptstadt hat sich das Meer in den Bimssteinfels gefressen und die faszinierende zerklüftete *Grotte von Papafrangas* geschaffen. Bei ruhiger See kann man hier gut baden.

Das kleine Fischerdorf **Pollonia** am nordöstlichen Ende von Milos hat sich dank seines schönen Sandstrandes zu einem beliebten Ferienort entwickelt. Die Urlaubsgäste können aus einem großen Angebot an Privatunterkünften wählen. Beliebt sind Ausflüge hinüber auf die Nachbarinsel Kimolos [Nr. 21] oder zu den vorgelagerten **Glaronisia-Inseln**, deren senkrecht aus dem Meer aufsteigende Gesteinsformationen an gespitzte Bleistifte erinnern und zu den größten geologischen Attraktionen von Milos zählen.

Die schönsten Badeplätze der Insel findet man entlang der **Südküste**, zu erreichen von Adamas über die verlassene ehem. Hauptstadt Paläa Chora/Zefiria. Rund 16 km sind es zu den beiden breiten Sandstränden von *Paleochori*, die sich unter weiß und rot gefärbten Steilfelsen erstrecken. Im Hochsommer herrscht hier reger Betrieb, Unterkünfte und Tavernen stehen zur Verfügung. Am westlichen Ende stößt man auf eine 50 °C heiße Schwefelquelle. Hinter einem Felskap schließen sich in westlicher Richtung die Strände von *Agia Kyriaki* an. Um sie anzusteuern, muss man allerdings ein ganzes Stück zurück Richtung Zefiria, um dann einer anderen Piste zu folgen. Weitere schöne Bademöglichkeiten findet man in den Buchten von *Firiplaka* und *Provatas*. An der Südwestecke von Milos liegt die

TOP TIPP

von steilen Felswänden eingefasste **Bucht von Kleftiko**. Da sie über eine schlechte Piste nur schwer zu erreichen ist, empfiehlt sich eher eine Fahrt mit dem Boot. Während der Saison wird der Strand regelmäßig angesteuert. Vom klaren Wasser umspült, ragen haushohe, leuchtend weiße Felstürme empor, man kann durch natürliche Tore und Tunnel hindurchschwimmen.

Praktische Hinweise

Information

Tourist Office, Adamas, am Hafen, Tel. 22 87 02 24 45, www.milos-island.gr

Terry's Travel, Adamas, am Hafen, Tel. 22 87 02 26 40, Fax 22 87 02 22 61, www.terrysmilostravel.com, Reiseagentur

Bus: Es gibt Busverbindungen zwischen den Dörfern, während der Saison werden auch die Strände von Paleochori, Chivadolimni und Provatas angefahren. www.kfel.org

Flug: Flüge von und nach Athen.
Milos Flughafen: Tel. 22 87 02 23 81
Athens International Airport: Tel. 21 03 53 00 00, www.aia.gr

Schiff: Fährverbindung mit Piräus, Santorini und Syros.
Adamas Hafen: Tel. 22 87 02 33 60
Piräus Hafen: Tel. 14 40

Hotels und Apartments

***__Golden Milos Beach__, Provatas-Strand, Tel. 22 87 03 13 07, Fax 22 87 03 13 09, www.milos-beach.gr. Apartmentanlage direkt am Strand, mit Restaurant, Bar und Kinderspielplatz.

***__Portiani__, Adamas, Tel. 22 87 02 29 40, Fax 22 87 02 27 66, www.hotelportiani.gr. Komfortables Hotel direkt an der Hafenbucht. Von der großen Dachterrasse

In der malerischen Fischersiedlung Klima scheint die Zeit stehen geblieben zu sein

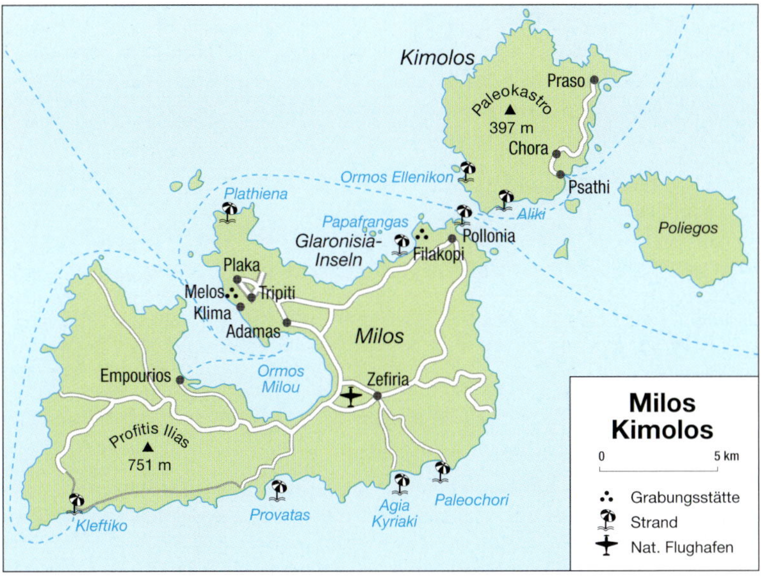

Hier lässt es sich aushalten – die strahlend weiße Chora von Kimolos ist von einer sanfthügeligen Landschaft umgeben ▷

hat man einen schönen Blick auf die Caldera.

Aphrodite of Milos, Adamas, Tel. 22 87 02 20 20, Fax 22 87 02 17 20, www.aphroditemilos.com. 23 Apartments für 1 bis 4 Personen in ruhiger Lage nahe dem westlichen Strand, teilweise mit Balkon.

Lagada Beach, Adamas, am Fischerhafen, Tel. 22 87 02 34 11, 22 87 02 34 18, Fax 22 87 02 34 16, www.lagadahotel.com. Große Hotelanlage am Strand, mit Garten und Swimmingpool.

Panorama, Klima, an der Einfahrt in die Milos-Bucht, Tel. 22 87 02 16 23, Fax 22 87 02 21 12, www.panorama-milos.com. Kleiner Familienbetrieb mit 8 Zimmern und Restaurant, ruhige Lage inmitten schöner Gärten.

*Delfini**, Adamas, Tel. 22 87 02 20 01, Fax 22 87 02 22 94. Kleines Hotel, 50 m vom Strand entfernt, nur Frühstück.

Restaurants

Aragosta, Adamas, Tel. 22 87 02 22 92. Restaurant mit schöner Terrasse gegenüber dem Schiffsanleger. Italienische Feinschmecker-Spezialitäten.

Plakiani Gonia, Plaka, Ortseingang, Tel. 22 87 02 10 24. Einfaches Lokal, das auf seiner kleinen Panoramaterrasse Inselspezialitäten wie gebackenen Fisch mit Knoblauchsoße serviert.

To Navagio, Adamas, am südlichen Strand, Tel. 22 87 02 33 92. Gemütliche Taverne mit halbiertem Schiff in der Gaststube. Verschiedene Fischgerichte, vorzüglicher Tintenfischsalat.

Trapatseli's, Adamas, an der Uferstraße, Tel. 22 87 02 20 10, 22 87 02 25 22. Traditionelle griechische Küche, zahlreiche Fisch- und Fleischgerichte.

21 Kimolos

Plan Seite 109

Kreisrunde Vulkaninsel mit bunten Felsen und schönen Stränden.

Die kleine Vulkaninsel Kimolos (35 km^2, 800 Einw.) – von Milos nur durch eine 1 km breite Meerenge getrennt – ist bislang vom Tourismus noch weitgehend unberührt. Die meisten Gäste kommen mit Ausflugsbooten, schlendern kurz durch die Gassen des Hafenstädtchens **Psathi**, essen eine Kleinigkeit in dem einzigen Restaurant am Ort und fahren wieder zurück.

Chora, die Hauptsiedlung von Kimolos, ausgestattet mit einfachen Unterkünften für die Urlauber, liegt strahlend weiß am Berghang und ist vom Hafen über eine schattenlose Serpentinenstraße zu erreichen. Schon von weitem fällt die mächtige, zweitürmige Kuppelkirche *Panagia Odigitria* ins Auge. Sie entstand Ende des 19. Jh. Ältester Stadtteil ist das im 13. Jh. angelegte *venezianische Kastro*, eine nahezu quadratische wehrhafte Festung, deren Mauerring – ähnlich wie auf Antiparos und Folegandros – von nach außen tür- und fensterlosen Gebäuden gebildet wird. Durch die beiden Tore an der Ost- und Südseite gelangt man in das Innere der heute teilweise unbewohnten, da stark verfallenen Burg. Hier ist die unverputzte, aus Naturstein erbaute Kirche *Agios Elevtherios* (1592) sehenswert, das älteste Gotteshaus der Insel. Wie die anderen Kirchen auf Kimolos ist sie zumeist verschlossen.

Wer länger auf Kimolos verweilen möchte, kann sich in der Chora einquar-

tieren oder direkt am Meer, z. B. bei *Aliki*. Hier gibt es einen 1 km langen Sandstrand sowie ausreichend Unterkünfte. Am *Ormos Ellenikon* an der Westküste, von Aliki aus zu erreichen, befinden sich zwei schöne, durch eine Landzunge voneinander getrennte Strände. Hier lag einst die **antike Hauptstadt** der Insel. Als sich die Landzunge senkte, musste die Siedlung verlassen werden. Ihre Überbleibsel kann man auf der nun stark verkleinerten Landzunge und am Meeresgrund entdecken. Siedlungsspuren findet man auch auf dem Gipfel des 397 m hohen *Paleokastro*, wo nach dem Untergang der antiken Stadt ein neuer Ort entstand.

i Praktische Hinweise

Information

Schiff: Fähren von Santorini nach Milos legen häufig in Kimolos an. Es gibt auch eine Verbindung von Piräus.
Kimolos Hafen: Tel. 22 87 05 13 32
Milos Hafen (Apolonia): Tel. 22 87 02 21 00
Piräus Hafen: Tel. 14 40

Restaurant

To Klima, Psathi, am Hafen, Tel. 22 87 05 10 01. Wenn die Ausflugsschiffe aus Milos kommen, ist das Lokal schnell voll. Zu anderen Zeiten kann man die leckeren Huhn-, Lamm- oder Fischgerichte ungestört und in aller Ruhe auf der schattigen Terrasse genießen.

22 Sifnos

Plan Seite 112

Insel der Töpfer mit malerischen Dörfern und langen Stränden.

Das 73 km² große Sifnos bietet eine überaus reizvolle Landschaft. Der Norden mit seiner steil abfallenden Küste ist nur dünn besiedelt, ebenso wie der Süden und der Westen, wo man aber an manch tief eingeschnittener Bucht schöne Strände findet. Der größte Teil der rund 1800 Einwohner lebt auf der fruchtbaren Hochebene im Inselinneren. Hier liegt auch der Hauptort Apollonia. Unter den malerischen Dörfern des Eilands ist das alte, hoch über der Ostküste gelegene Städtchen **Kastro** ein wahres Juwel der Kykladenarchitektur. Bekannt ist Sifnos seit alters her für seine **Keramik**, Haushaltswaren, die in die gesamte griechische Welt verschifft wurden. Noch immer kann man in einigen Städten Töpferwerkstätten besuchen. Sie produzieren heute größtenteils für den touristischen Markt.

Vom Schiff aus präsentiert sich die Felsküste im Westen von Sifnos wie eine undurchdringliche Wand. Dann, hinter einem Kap, öffnet sich die tiefe, tamariskenbewachsene Bucht des Hafenstädtchens **Kamares**. Erst Mitte des 20. Jh. entstanden, hat es sich in den letzten Jahren dank seines 800 m langen Sandstrandes zu einem beliebten Urlaubsort entwickelt. Einige Kirchen laden zu einem Spaziergang auf die gegenüberliegende Seite der Bucht ein. Das kleine Dorf *Agia Marina* mit gleichnamigem Gotteshaus bietet Tavernen und Privatunterkünfte. Dahinter erhebt sich der *Oros Agios Simeon* (475 m) mit den beiden weißen Kirchen Agios Simeon und Profitis Ilias.

Von Kamares geht es in südöstlicher Richtung hinauf auf die fruchtbare Hochebene, nach **Apollonia**, dem in den letzten Jahren stark gewachsenen Hauptstädtchen von Sifnos, das sich an den Ausläufern des *Profitis Ilias* (680 m) erstreckt. Weiß getupft wie eine Blumenwiese liegen die Häuser inmitten einer Terrassenlandschaft aus Weingärten und Olivenhainen. Über die zentrale *Platia Heroon* (Heldenplatz) erreicht man südwärts den ältesten Stadtteil von Apollonia, die **Chora** mit ihren ruhigen, weitgehend autofreien Gassen.

Geht man zurück zur Platia Heroon, kann man das **Volkskundemuseum** (Tel. 22 84 03 13 41, tgl. 10–13.30 und 19–22 Uhr) besichtigen, das Stickereien, Trachten, Waffen und natürlich örtliche Keramik ausstellt. Auf dem Weg nach Artemonas, 2 km nördlich gelegen und fast mit Apollonia verwachsen, liegt die sehenswerte Kirche *Panagia Ouranoforia* (1767), bei deren Bau Material eines antiken Apollontempels verwendet wurde. Im Villenort **Artemonas** findet man zwischen den ty-

Dörfliche Idylle – beim Spaziergang durch Apollonia stößt man immer wieder auf malerische Ecken und Winkel

Die weißen Dörfer der Kykladen streben himmelwärts – die Würfelhäuser von Kastro bedecken die Spitze eines grünen Berghangs

pischen Kykladenhäusern und gepflegten Gärten auch einige klassizistische Patriziergebäude.

Von Apollonia in östlicher Richtung – auf der Straße oder auf einem schönen Fußweg – erreicht man nach wenigen Kilometern **Kastro**, die einstige Hauptstadt, die sich spektakulär auf einem Steilfelsen 100 m über dem Meer erhebt. Das im Kern mittelalterliche befestigte Dorf steht seit 1975 unter Denkmalschutz. Lückenlos aneinander gebaute Wohnhäuser bilden den äußeren Mauerring der Burganlage. Durch das *Venieri-Tor* betritt man das Innere, das von engen Gassen und verschachtelter Architektur geprägt ist. Viele Häuser besitzen Außentreppen und schöne hölzerne Balkone. In dem kleinen **Archäologikó Moussío** (Tel. 22 84 03 10 22, Di–So 8.30–15 Uhr) werden interessante Funde aus Sifnos von kykladischer bis zu römischer Zeit gezeigt, vor allem Keramik. Auf dem höchsten Punkt von Kastro liegen die spärlichen Ruinen der venezianischen Festung, die im 14. Jh. an der Stelle der antiken Akropolis erbaut wurde.

Die **Südküste** von Sifnos mit ihren schönen Buchten und Stränden eignet sich gut für einen Badeaufenthalt. Auf dem Weg dorthin passiert man das einzige heute noch bewohnte Kloster der Insel, **Moni Vriseos**. Eine Besichtigung der wehrhaften, im 17. Jh. entstandenen Anlage ist jedoch nicht immer möglich. Das kleine Fischerdorf **Faros** schmiegt sich in eine tief eingeschnittene Bucht im Südosten. Zwei Strände, preisgünstige Privatquartiere und Tavernen locken. Von hier kann man, immer am Ufer entlang,

Das Ei der Sifnier

In der Antike war Sifnos dank seiner **Gold- und Silberminen** die reichste unter den Kykladeninseln. So reich, dass sich die Bewohner ein überaus prächtiges Schatzhaus in Delphi leisteten und Apollon alljährlich ein **goldenes Ei** stifteten. Einmal jedoch versuchten sie den Gott zu täuschen und überbrachten ihm ein lediglich vergoldetes Ei. Mit dieser Tat zogen sich die Sifnier den **Zorn Apollons** zu. Kurzerhand überflutete dieser die Minen und bereitete damit ihrem Reichtum ein jähes Ende. Seit damals wird die Insel Sifnos – die ›**Leere**‹ – genannt.

Oben: *In Cheronissos, dem Töpferdorf, dreht sich alles um den Ton – in den Werkstätten kann man den Töpfern bei der Arbeit zuschauen*
Unten: *Hier geht das Leben noch seinen gewohnten gemütlichen Gang – das kleine Fischerdorf Faros an der Südostküste von Sifnos*

zu dem malerisch auf einem Felsvorsprung gelegenen **Moni Chrisopigi** wandern, mit dem Wagen dagegen ist das Kloster nur auf Umwegen zu erreichen. Eine Brücke führt über einen Felsspalt hinweg, der sich der Legende nach zur Rettung dreier von Piraten verfolgter Frauen auftat. In der kleinen Kirche des um 1650 gegründeten weiß getünchten Konvents wird die wundertätige Ikone der Panagia aufbewahrt. Im Sommer kann man hier in einfachen Klosterzellen nächtigen.

Um die lang gestreckte Bucht von **Platis Gialos** zu erreichen, muss man die Straße nach Apollonia ein Stück zurückfahren und nach etwa 3 km links abbiegen. Die gleichnamige Ortschaft hat eine gute touristische Infrastruktur zu bieten und einen 2 km langen schönen Sandstrand. Will man nun mit dem Auto die Bucht von **Vathi** ansteuern, führt kein Weg an Apollonia vorbei. Erst kurz vor dem Erreichen des Hauptstädtchens, bei Katabati, zweigt die Höhenstraße Richtung Westen ab. Einfacher ist es von Platis Gialos zu Fuß über einen schönen Wanderweg. Direkt am kleinen Jachthafen steht die strahlend weiße Kuppelkirche des *Taxiarchen-Klosters* (16. Jh.). Die schmalen Strände sind von üppigem Grün umgeben, von Feldern, Obstgärten, Olivenbäumen und Schilf.

Ein kilometerlanges Tal mit kleinen Gemüsefeldern, Olivenbäumen an den

In den Fels gebaut – spektakulär kleben die Häuser der Chora von Serifos am steilen Bergkegel, der von der winzigen Agios-Konstantinos-Kapelle bekrönt wird

Hängen und weißen Kirchen auf den Berggipfeln begleitet den Reisenden in den nur dünn besiedelten **Norden**. Abseits der Straße finden Wanderer, die die Einsamkeit schätzen, schöne Flecken. In **Cheronissos**, in der an der kleinen Hafenbucht gelegenen Werkstatt von Kostas Depastas, kann man noch die traditionelle Keramik von Sifnos finden, feuerfeste Schalen und Becher.

Praktische Hinweise

Information

Tourist Office, Kamares, am Hafen, neben der Hafenpolizei, Tel. 22 84 03 19 77

Bus: Während der Sommermonate sind die Dörfer gut mit dem Bus zu erreichen. www.ktel.org

Schiff: Auf der Westroute mit Piräus und den Westkykladen verbunden. Im Sommer bestehen zusätzliche Verbindungen mit Paros, Naxos, Mykonos, Syros, Santorini und anderen Inseln.
Sifnos Hafen: Tel. 22 84 03 36 17
Piräus Hafen: Tel. 14 40

Hotels

***__Petali Village Hotel__, Apollonia, Ano Petali/Artemonas, Tel. 22 84 03 30 24, Fax 22 84 03 33 91, www.hotelpetali.gr. Moderne Hotelanlage im kykladischen Stil. Elegante Zimmer, wunderschöne Terrasse und Restaurant mit internationaler Küche. Oberhalb vom Hauptplatz gelegen, keine Zufahrt mit dem Auto.

**__Boulis__, Kamares, Tel. 22 84 03 21 22, Fax 22 84 03 23 81, www.hotelboulis.gr. Gute Lage am Sandstrand, blühender Garten, freundliche Zimmer mit Veranda oder Balkon.

**__Kamari__, Kamares, am Hafen, Tel. 22 84 03 33 83, Fax 22 84 03 17 09, www.sifnostravel.com. Zimmer mit Balkon und Ausblick auf das Meer oder den Berg.

**__Sifnos__, Apollonia, Hauptgasse, Tel. 22 84 03 16 24, www.sifnoshotel.com. Kleines Hotel mit stimmungsvollem Restaurant.

**__Stavros__, Kamares, an der Uferpromenade, Tel. 22 84 03 33 83, Fax 22 84 03 17 09, www.sifnostravel.com. Einfaches Hotel, Zimmer mit Ausblick auf das Meer.

Restaurants

Boulis, Kamares, am Ende der Hauptstraße, Tel. 22 84 03 16 40. Taverne mit kreativer griechische Küche, vor allem Fischgerichte.

Menelaos, Platis Gialos, Tel. 22 84 07 12 10. Restaurant und Pool-Bar oberhalb des kleinen Strandes.

Der Rathausplatz der Chora von Serifos bietet sich für eine Rast an

23 Serifos

Plan Seite 117

Schöne Kykladendörfer und attraktive Strände locken auf das Eiland.

Die Ankunft in dem im Südosten von Serifos gelegenen Hafen von Livadi ist ein wahres Erlebnis. Die überwiegend karge, steinige Insel (73 km², 1200 Einw.) zeigt sich in der tief eingeschnittenen Bucht von ihrer schönsten Seite: Unmittelbar hinter dem Hafenort steigt das steile Vorgebirge auf, ein Bergkegel, den die Chora in strahlendem Weiß bekrönt.

Livadi, von Tamarisken und blühenden Gärten umgeben, ist eine grüne Oase im ansonsten eher felsigen Serifos. Hier finden die Urlauber die meisten Hotels, Restaurants und Cafés, in unmittelbarer Umgebung aber auch die schönsten Strände. Im westlichen Abschnitt der tiefen Bucht erstreckt sich der 600 m lange, feinsandige *Livadakia-Strand*. Tamarisken spenden hier im Sommer wohltuenden Schatten. Außerhalb der Saison ist Livadi recht verschlafen, während des Hochsommers aber sehr gut besucht.

Von Livadi führt ein steiler Treppenweg in etwa einer halben Stunde zur **Chora**. Immer wieder ergeben sich schöne Blicke auf die Bucht von Livadi. Der Hauptort von Serifos teilt sich in die beiden Stadtviertel **Kato Chora** (Unterstadt) und **Pano Chora** (Oberstadt). Der Weg mündet in die große marmorgepflasterte Platia der Unterstadt, an der sich die *Evangelistria-Kirche* (1907) mit blauer Kuppel erhebt. Man kann auch den Bus nehmen, der allerdings selten verkehrt.

Von der Unterstadt führen weitere Treppenwege in die dicht bebaute Oberstadt, die sich rund um den Bergkegel zieht. Zentrum ist der von Tavernen und Kafenia gesäumte *Mühlenplatz*. Die namengebenden Windmühlen sind nicht mehr in Betrieb. An der Platia ist Endstation für Busse und Autos, von hier geht es zu Fuß über Treppen weiter. Der zweite größere Platz von Pano Chora öffnet sich nach knapp 100 m in nordöstlicher Richtung. Hier erhebt sich blendend weiß die Anfang des 19. Jh. erbaute **Mitropolis Agios Athanasios**. In ihrem Inneren sind eine holzgeschnitzte Ikonostase und eine Marienikone aus dem 17. Jh. sehenswert. Direkt nebenan, in einem Seitentrakt des vorzüglich restaurierten klassizistischen Rathauses, ist das kleine **Archäologikó Moussío** (Di–So 8.30–15 Uhr) untergebracht, das antike Fundstücke aus Serifos, u. a. vom Kastrohügel, ausstellt.

Durch ein labyrinthisches Gassengewirr geht es weiter bergauf, die Durchgänge zwischen den Häusern werden nun immer schmaler. Vom venezianischen Kastro, oben auf dem Gipfel in einer Höhe von 300 m gelegen, blieben nur Grundmauern erhalten. Grandios öffnet sich von der windumwehten Kirche **Agios Konstantinos** der Ausblick auf die nur wenige Schritte bergab errichtete zierliche Kuppelkirche *Agia Sophia* und auf die *Livadi-Bucht*. Auf der Ostseite des Hügels lohnt der kurze Abstieg zu der teilweise in den Fels hineingebauten Kirche *Agios Theologos*, deren Portal mit dem Marmorrelief eines Segelschiffs geschmückt ist. Über den *Odos Kyklopon* geht es zurück zum Mühlenplatz.

Von Pano Chora führt eine kurvenreiche Straße in den **Norden**, nach Galani, einem stark von Abwanderung bedrohten stillen Dorf. Über einen Treppenweg erreicht man von hier aus in etwa 10 Min. das äußerst sehenswerte, den Erzengeln Michael und Gabriel geweihte **Moni Taxi-**

archon. Das hoch über dem Meer gelegene Kloster ist von Chora aus auch auf einem schönen *Wanderweg* über die Ortschaft Kentarchos zu erreichen. Das wehrhafte, von etwa 8 m hohen Mauern umgebene Kloster wurde vermutlich um 1600 gegründet. Heute lebt hier nur noch ein Mönch, der die Besucher gerne durch die Anlage führt. Die kleine Kreuzkuppelkirche ist mit Fresken des kretischen Malers *Emanouil Skordilis* ausgeschmückt, sie präsentieren sich jedoch nicht in allerbestem Erhaltungszustand. Die Bibliothek mit Handschriften und historischen Drucken ist einen Besuch wert.

Im Norden von Serifos gibt es mehrere **Bademöglichkeiten**: Vom Taxiarchon-Kloster führt eine Piste hinunter zu den drei Stränden von *Plati Gialos*. Schöner ist jedoch der 400 m lange Sandstrand von *Sikamia* im Westen, den man von Galani aus zu Fuß durch ein Tal mit Olivenbäumen erreicht. An der Ostküste empfiehlt sich die Bucht von *Agios Sostis* sowie der – auch bei textilfrei Badenden beliebte – feinsandige Dünenstrand von *Psili Ammos*. Im Süden findet man in der Bucht von *Koutalas* mehrere angenehme Badeplätze.

Praktische Hinweise

Information

Krinas Serifos Travel, Livadi, oberhalb des Fähranlegers, Tel. 22 81 05 14 88, Fax 22 81 05 11 64, www.serifos-travel.com, Reiseagentur und Autovermietung

Auf Serifos findet man noch schöne einsame Strände und Buchten vor faszinierender Kulisse – wie den Dünenstrand von Psili Ammos

Danaë, Perseus und das Haupt der Medusa

Einst hatte das Orakel **Akrisios**, dem König von Argos, geweissagt, dass er durch die Hand seines Enkels sterben werde. Um dies zu verhindern, sperrte er seine einzige Tochter **Danaë** in ein Verlies. Doch für **Zeus**, den Verwandlungskünstler, gab es bekanntlich keine Hindernisse. Als Goldregen fand er den Weg zu der ihrer Freiheit Beraubten, die ihm schließlich **Perseus** gebar. König Akrisios, wenig erfreut, ließ Mutter und Sohn in einer Holzkiste im Meer aussetzen. Kräftige Westwinde trieben die Kiste direkt nach Serifos. Dort jedoch umwarb König **Polydektes** unablässig die schöne Danaë. Um sich ihres Sohnes zu entledigen, schickte er ihn auf eine gefährliche Reise, Medusa, die Schlangenumkränzte, bei deren Anblick alles zu Stein erstarrte, zu enthaupten. Mit Hilfe der Götter gelang Perseus das beinahe Unmögliche, er tötete sie und kehrte mit dem abgeschlagenen **Haupt der Medusa** nach Serifos zurück. Bei ihrem Anblick erstarrte Polydektes zu Stein und mit ihm die gesamte Insel.

Einige Zeit später erfüllte sich auch der **Orakelspruch**, der Auslöser für die folgenden Ereignisse gewesen war: Perseus hielt sich anlässlich feierlicher Festspiele in Thessalien auf. Bei den sportlichen Wettkämpfen schleuderte er den **Diskus** und traf seinen unter den Zuschauern weilenden Großvater, König Akrisios, so unglücklich, dass dieser an den Verletzungen starb.

Bus: Es verkehren Busse zwischen Hafen und Serifos-Stadt. www.ktel.org

Schiff: Auf der Westroute ist Serifos mit Sifnos, Milos und Piräus verbunden.
Serifos Hafen: Tel. 22 81 05 14 70
Piräus Hafen: Tel. 14 40

Hotels und Apartments

****Coralli Bungalows & Camping**, Livadakia-Strand, Tel. 22 81 05 15 00, Fax 22 81 05 10 73, www.coralli.gr. Komfortable Bungalows in einem schönen Garten am Ende des Strandes, mit Restaurant, Camping ist auch möglich.

****Maistrali**, Livadi, Hafenbucht, Tel. 22 81 05 13 81, Fax 22 81 05 12 98, in Athen Tel. 21 02 53 20 37, Fax 21 02 92 27 23. Mit drei Stockwerken höchstes Haus am Ort, mit angenehmen Zimmern. Vom Balkon mit schönem Blick auf die Bucht.

****Naias Hotel**, Livadi, oberhalb der Hafenpromenade, Tel. 22 81 05 17 49, Fax 22 81 05 24 44, www.naiasserifos.gr. Hotel im Kykladenstil mit schönen Zimmern um einen kleinen Innenhof.

Restaurant

Stamatis, Livadi, Uferstraße (am nordöstlichen Ortsrand), Tel. 22 81 05 13 09. Gute griechische Küche auf einer schönen Terrasse am Meer, auch Frühstück.

24 Kythnos

Plan Seite 119

Die Insel mit den Heilquellen zieht Kurgäste und Urlauber an.

Kythnos, ein 99 km² großer karger Felsen am Westrand des Archipels, blieb vom ausländischen Tourismus bislang noch weitgehend unentdeckt. Griechische Urlauber dagegen schätzen die Insel wegen ihrer schönen Strände an Ost- und Westküste. Und sie kommen auch zur **Kur**, denn im Norden sprudeln heilende Quellen. Rund um die bereits in der Antike genutzten Quellen entstand Mitte des 19. Jh. auf Initiative von *Königin Amalia* das kleine Thermalbad Loutra. Doch auch abseits des Kurbetriebs hat Kythnos einiges zu bieten, z. B. den Hafenort Merichas, der mit seinen breiten Gassen und den ziegelgedeckten Häusern so ganz und gar nicht kykladisch wirkt. Doch die im Hochland gelegene Chora hat – trotz roter Ziegeldächer – alles, was ein richtiges Kykladendorf ausmacht: weiße, verschachtelte Häuserkuben, steile Treppenwege und ein Labyrinth von Gassen.

Die Fährschiffe aus Piräus laufen den an der stark zerfurchten Westküste gelegenen Hafen von **Merichas** an. Aufgrund seiner guten touristischen Infrastruktur – ausreichend Hotels und Pensionen sowie Tavernen sind vorhanden – bietet er sich als Standort besonders an. In der näheren Umgebung findet man zudem die schönsten **Strände** der Insel. Nur wenige Kilometer Richtung Norden bieten die Buchten von *Martinakia*, *Episkopi* und *Apokrisi* angenehm lange Sandstrände

Von Merichas aus zu neuen Ufern – mit dem Segelboot von Insel zu Insel springen, ist eine beliebte Art des Reisens in der Ägäis

mit Schatten spendenden Tamarisken. Außerdem gibt es hier Tavernen und Strandbars. Die zweifellos schönsten Badeplätze schließlich, *Kolonna* und *Fykiada*, erstrecken sich beiderseits der schmalen Landzunge Agios Lukas.

Von Merichas führt eine gut ausgebaute Straße kurvenreich hinauf zu dem auf einem 160 m hohen Plateau gelegenen Hauptort **Chora** (auch Kythnos). Hier lebt die Hälfte der rund 1600 Inselbewohner. Beim Spaziergang durch den autofreien Ortskern stößt man immer wieder auf in Weiß gehaltene Dekorationen mit Blumen, Fischen, Schiffen etc. Sie werden, einem alten Osterbrauch folgend, alljährlich auf Gassenpflaster, Treppen und Torbögen gemalt. Treffpunkt der Einheimischen ist die zentrale Platia mit der einzigen Taverne am Ort. Hier erhebt sich auch das älteste Gotteshaus, die einschiffige *Agia Triada*. Die meisten der zahlreichen kleinen Kirchen und Kapellen wird man leider verschlossen vorfinden. *Agios Savvas*, einer Inschrift auf dem Türsturz

Ein Blumenstrauß für alle Vorbeikommenden – in der Chora von Kythnos werden alljährlich zum Osterfest die Gassen bemalt

zufolge 1613 von der venezianischen Familie Gozzadini erbaut, besitzt eine sehenswerte Altarwand, die am westlichen Ortsrand gelegene *Agios-Sotir-Kirche* Ikonen von Antonis Skordilis.

Außerhalb von Chora macht man sich inzwischen die Energiequellen der Natur zu Nutze. Auf einem Hügel in östlicher Richtung wurden in den 1980er-Jahren fünf Windrotoren aufgestellt, in Richtung Norden befindet sich eine Solaranlage.

Nur 4 km nördlich von Chora liegt **Loutra**, der einzige Thermalbadeort der Kykladen – auch zu Fuß zu erreichen über die Bucht von Agia Irini. *Königin Amalia*, Gemahlin des ersten griechischen Königs Otto I., suchte die Quellen wohl wegen ihrer Unfruchtbarkeit auf. Zwar wurde sie auch nach dem Bad in den heißen Quellen nicht schwanger, gleichwohl regte sie den Bau eines Kurhotels an. Unmittelbar hinter Loutra endet die asphaltierte Straße, weiter in den Norden führen nur noch Erdpisten. Im Nordwesten, auf einem Steilfelsen 300 m über dem Meer, kann man die Ruinen von **Paläokastro** (auch Kastro) besichtigen. Zu sehen sind einige verfallene Häuser und Kirchen. Nach den Verwüstungen durch *Chaireddin Barbarossa* 1537 wurde die alte Inselhauptstadt aufgegeben und im Inselinneren Chora gegründet.

In den **Süden** gelangt man über die Straße nach Merichas. Sie führt vom Hafenort über Driopi bis nach Kanala. **Driopi**, zu beiden Seiten eines fruchtbaren Tals gelegen, wird von der sehenswerten Kirche *Agios Minas* überragt. Im Inneren kann man eine Holzikonostase aus dem 18. Jh. bewundern. Das gepflegte **Kanala**,

Einladender Obstladen in einer Altstadtgasse – am frühen Morgen sind die Einheimischen in der Chora noch unter sich

Eine Stadt sieht rot: Die Dächer von Ioulis bringen ungewohnte Farbtupfer ins traditionelle Blauweiß der Kykladenarchitektur

das sich auf einer Landzunge erstreckt, wird bislang hauptsächlich von griechischen Urlaubern besucht. Zahlreiche Athener haben sich hier Ferienhäuser eingerichtet. Rechts und links des Kaps befinden sich schöne Sandstrände. Einsamere Buchten findet man an der südlichen Westküste, u. a. bei *Flabouria*.

i Praktische Hinweise

Information

Antonis, Merichas, am Hafen, Tel. 22 81 03 22 48, Fax 22 81 03 22 91, Reiseagentur und Autovermietung

Bus: Es gibt Verbindungen von Merichas über Kythnos-Stadt nach Loutra und südwärts nach Kanala. www.ktel.org

Schiff: Es bestehen Fährverbindungen mit Piräus und mit Lavrios.
Kythnos Hafen: Tel. 22 81 03 22 90
Piräus Hafen: Tel. 14 44
Lavrion Hafen: Tel. 22 92 02 52 49

Hotels und Apartments

****Dimitris Gonidis**, Kanala, Tel. 22 81 03 23 66, 22 81 03 21 46. Neun Studios mit Veranda in ruhiger Lage direkt am Strand.

****Panagiota Larentzaki**, Merichas, Zentrum, Tel. 22 81 03 22 68. Ruhige Privatzimmer mit Terrasse.

****Porto Klaras**, Loutra, über der Hafenbucht, Tel. 22 81 03 12 76, Fax 22 81 03 13 55, www.porto-klaras.gr. Studios und Apartments, letztere mit Küche und schöner Terrasse.

Restaurant

Gialos, Merichas, an der Hafenbucht, Tel. 22 81 03 22 77. Gute griechische Küche mit einer reichen Auswahl an Fischgerichten und frischen Salaten.

25 Kea (Tzia)

Plan Seite 123

An den Wochenenden tummeln sich zahlreiche großstadtmüde Athener auf der Insel des steinernen Löwen.

Bei den Athenern ist Kea (130 km², 1600 Einw.) aufgrund der Nähe zum griechischen Festland äußerst beliebt. Bei den ›Inselspringern‹ dagegen hat sich seine Existenz noch nicht herumgesprochen, weshalb ausländische Gäste hier eher selten anzutreffen sind. Vielleicht liegt es aber auch daran, dass die Insel nicht ganz

Ein sonniges Gemüt – seit dem 6. Jh. v. Chr. lächelt der überlebensgroße Löwe von Kea seine Besucher nun schon an, und ein Ende ist nicht in Sicht

so einfach zu erreichen ist und die Fähren aus Piräus an ihr vorüberfahren. Wer Kea besuchen will, muss zuvor nach **Lavrion**, einem Hafen an der Südspitze Attikas. Denn dort legen die Fähren zu dem nordwestlichsten Kykladeneiland ab. Für die umständliche Anreise wird man belohnt durch schöne Buchten, mehrere reizvolle Dörfer und natürlich den berühmten *steinernen Löwen*, der sich am Rande eines Olivenhains nordöstlich der Chora zur Ruhe gesetzt hat.

Die Schiffe laufen den in der weiten *Agios-Nikolaos-Bucht* im Nordwesten der Insel gelegenen Hafen **Korissia** an. Zusammen mit *Vourkari*, in derselben Bucht weiter nördlich zu finden, hat sich der Hafenort zu einem der touristischen Zentren von Kea entwickelt. Viele Athener besitzen entlang der Bucht ein Ferienhaus oder ein Apartment. Zwischen den beiden Ortschaften liegt der 100 m lange, beliebte *Gialiskari-Strand*.

Vom Hafen aus erreicht man **Ioulis**, die Chora von Kea, in südwestlicher Richtung. Sie schmiegt sich malerisch an einen terrassierten Hügel im Inselinneren. Kykladisch weiß erstrahlen die Häuserwürfel, festländisch rot die Ziegeldächer. Über verschlungene Gassen und Treppenwege gelangt man zur Platia, an der sich das klassizistische Rathaus und das **Archäologikó Moussío** (sommers Di–So 8.30–17, sonst Di–So 8.30–15 Uhr) erheben. Die Sammlung präsentiert Funde von der neolithischen Ausgrabung am *Kap Kefala*, der bronzezeitlichen Siedlung unterhalb der Kapelle *Agia Irini* und dem archaischen *Karthea*. Die bedeutendsten Stücke sind im Athener Nationalmuseum zu sehen, so auch der eindrucksvolle *Kouros von Keos*, die lebensgroße Statue eines Jünglings, die in der antiken Siedlung Korissia entdeckt wurde. Von der Platia erreicht man in etwa 10 Min. den berühmten lächelnden **Löwen von Kea**, der im 6. Jh. v. Chr. aus dem Fels geschlagen wurde. Mit einer Länge von fast 6 m gehört er zu den ältesten überlebensgroßen Tierskulpturen Europas.

TOP TIPP

Um den nördlichen Badeort **Otsias** zu erreichen, muss man erst wieder zurück nach Korissia fahren. An der tief eingeschnittenen Bucht erstreckt sich ein langer Sandstrand. Von hier führt eine kurvenreiche Schotterpiste hinauf zu dem auf einem Steilfelsen gelegenen **Moni Panagia Kastriani**. Das im 18. Jh. errichtete Nonnenkloster ist heute nicht mehr bewohnt, kann aber besichtigt werden. Nur die Kirche, in der eine wundertätige

Marienikone aufbewahrt wird, ist meist verschlossen. Von hier oben hat man eine fantastische Aussicht auf die Küste und das Meer.

Den wohl schönsten Badeplatz von Kea, einen 400 m langen Sandstrand in der grün gerahmten Bucht von *Ormos Pisses*, erreicht man von Ioulis aus in südwestlicher Richtung. Auf dem Weg zur Westküste empfiehlt sich ein kurzer Abstecher nach **Agia Marina**, zu dem aus massiven Quadern aufgeführten Pyrgos und der kleinen angebauten Kapelle.

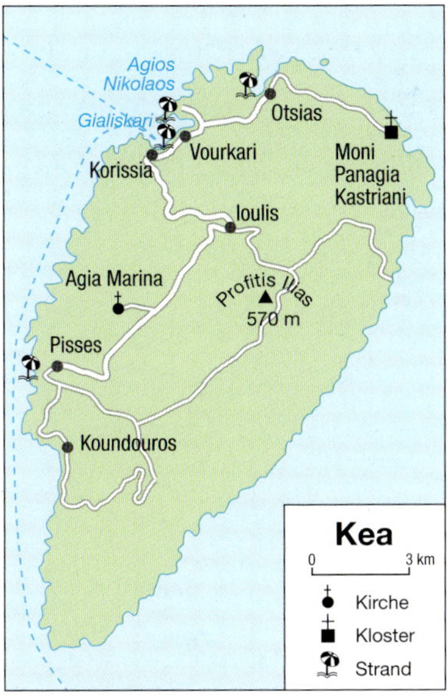

i Praktische Hinweise

Information

www.kea.gr/grm

Bus: Es bestehen Busverbindungen zwischen Korissia, Ioulis, Vourkari und Odsias. www.ktel.org

Schiff: Nach Kea setzt man von Lavrion (nahe Kap Sounion) über, einige Schiffe kommen auch von Piräus herüber.
Korissia Hafen: Tel. 22 88 02 13 44
Lavrion Hafen: Tel. 22 92 02 52 49
Piräus Hafen: Tel. 14 40

Hotels

******Porto Kea Suites**, Korissia, Tel. 22 88 02 28 70, Fax 22 88 02 28 73, www.portokea-suites.com. Hotelkomplex mit Luxussuiten, nur 30 m vom Strand entfernt.

****Karthea**, Korissia, am Hafen, Tel. 22 88 02 12 22, Fax 22 88 02 14 17. Einfaches Hotel, Zimmer mit Balkons, Blick auf die Hafenbucht.

Restaurant

To Steki, Ioulis, am Ortsausgang, auf dem Weg zum Löwen von Kea gelegen. Gute griechische Küche, serviert auf einer schönen Terrasse.

Hier war es vielleicht selbst den Mönchen zu einsam – das auf einem Steilfelsen im Nordosten der Insel gelegene Moni Panagia Kastriani ist heute unbewohnt

Kykladen aktuell A bis Z

Vor Reiseantritt

ADAC Info-Service:
Tel. 018 05/10 11 12, Fax 018 05/30 29 28
(0,14 €/Min.)

ADAC im Internet:
www.adac.de
www.adac.de/reisefuehrer

Kykladen im Internet:
www.gnto.gr
www.culture.gr
www.greeka.com
www.grhotels.gr
www.gtp.gr

Griechische Zentrale für Fremdenverkehr (GZF)

Deutschland

Wittenbergplatz 3 a, 10789 Berlin,
Tel. 030/217 62 62, Fax 030/217 79 65,
info-berlin@gzf-eot.de

Neue Mainzer Str. 22, 60311 Frankfurt/M., Tel. 069/257 82 70,
Fax 069/25 78 27 29,
info@gzf-eot.de

Neuer Wall 18, 20354 Hamburg,
Tel. 040/45 44 98, Fax 040/45 44 04,
info-hamburg@gzf-eot.de

Pacellistr. 5, 80333 München,
Tel. 089/22 20 35, Fax 089/29 70 58,
info-muenchen@gzf-eot.de

Österreich

Opernring 8, 1010 Wien,
Tel. 01/512 53 17, Fax 01/513 91 89,
grect@vienna.at

Schweiz

Löwenstr. 25, 8001 Zürich,
Tel. 012 21 01 05, Fax 012 12 05 16,
eot@bluewin.ch

Allgemeine Informationen

Reisedokumente

Reisende aus Deutschland, Österreich und der Schweiz benötigen einen gültigen Reisepass oder Personalausweis. Personen unter 16 Jahren benötigen einen Kinderausweis oder Reisepass bzw. einen Eintrag im Elternpass.

Kfz-Papiere

Führerschein und Zulassungsbescheinigung Teil 1 (vormals Fahrzeugschein). Sehr zu empfehlen sind die Internationale Grüne Versicherungskarte sowie Kurzkasko- und Insassenunfallversicherung.

Krankenversicherung

Seit 2006 ist die Europäische Krankenversicherungskarte in die übliche Versicherungskarte integriert. Sie wird in ganz EU-Europa anerkannt und garantiert die medizinische Versorgung. Sicherheitshalber empfiehlt sich jedoch zusätzlich der Abschluss einer Reisekranken- und Rückholversicherung.

*Ein Kykladenurlaub verspricht weiße Kirchenpracht und wunderbar viele sonnige Tage am Meer (**oben**), Entspannung am Pool unter Palmen (**Mitte**) und Freiheit auf dem Motorrad sowie Fischspezialitäten und köstliche Salate (**unten**)*

Hund und Katze

Im EU-Heimtierausweis müssen die Kennzeichnung des Tieres (durch Mikrochip oder Tätowierung) und eine gültige Tollwutimpfung (mindestens 30 Tage und maximal 12 Monate vor Grenzübertritt) eingetragen sein. Bei der Einreise mit Hund oder Katze nach Griechenland über Nicht-EU-Länder (z. B. Mazedonien, Bulgarien und Türkei) müssen Tollwut-Antikörper nachgewiesen werden. Dies ist frühestens 30 Tage nach der Impfung anhand einer Blutprobe möglich und vom Tierarzt im EU-Heimtierausweis bestätigen zu lassen.

Zollbestimmungen

Es ist verboten, antike Gegenstände aus Griechenland auszuführen. Ebenfalls zu beachten ist die EU-weite Einfuhrgrenze für zollfreie Waren in Höhe von 175 €.

Reisebedarf für den persönlichen Gebrauch darf abgabenfrei mitgeführt wer-

Verbindung zur Außenwelt – die meisten der Kykladeninseln sind regelmäßig per Fähre zu erreichen. Bei stürmischem Wetter allerdings sitzt man manchmal fest

den. Richtmengen für Reisende aus EU-Ländern sind: 800 Zigaretten, 400 Zigarillos, 200 Zigarren, 1 kg Tabak, 10 l Spirituosen, 20 l Zwischenerzeugnisse, 90 l Wein (davon max. 60 l Schaumwein), 110 l Bier.

Für Reisende aus Nicht EU-Ländern (z. B. Schweiz) gelten folgende Höchstgrenzen: 200 Zigaretten, 100 Zigarillos, 50 Zigarren oder 250 g Tabak, 1 l Spirituosen, 2 l Wein.

Geld

Die gängigen Kreditkarten werden in Banken, Hotels und zahlreichen Geschäften akzeptiert. An EC-Geldautomaten, die jedoch nicht auf jeder Insel zu finden sind, kann man mit der EC/Maestro-Karte Tag und Nacht Bargeld abheben.

Tourismusämter im Land

Auf den Kykladen hat die Griechische Zentrale für Fremdenverkehr, *Ellenikos Organismos Tourismou (EOT)*, ihre Auskunfts- und Servicefunktionen meist an Reisebüros oder die Gemeinden abgegeben. Auch die Touristenpolizei versucht, mit Auskünften zu helfen, besitzt jedoch selten aktuelle Informationen (s. ›Praktische Hinweise‹ am Ende der Kapitel).

Ellenikos Organismos Tourismou (EOT), Odos Dodecanissou 10, Syros, Tel. 22 81 08 23 75, Fax 22 81 08 23 75

Notrufnummern

Einheitlicher Notruf: Tel. 112 (EU-weit, auch mobil: Polizei, Unfallrettung, Feuerwehr)

Ärztlicher Notruf: 10 16

Touristenpolizei: Tel. 171

Pannenhilfe ELPA: Tel. 104 00 (kostenpflichtig)

ADAC-Notrufstation Athen: Tel. 21 09 60 12 66 (24 Std. Service)

ADAC-Notrufzentrale München: Tel. 00 49/89/22 22 22 (24 Std. Service)

ADAC-Ambulanzdienst München: Tel. 00 49/89/76 76 76 (24 Std. Service)

ADAC-Partnerklub: Ellinikí Léschi Periigíseon kai Aftokinítou (ELPA), Automobil- und Touringklub von Griechenland, Odos Messogion 395, Athen, Tel. 21 06 06 88 00, Fax 21 06 06 89 21

Österreichischer Automobil Motorrad und Touring Club
ÖAMTC Schutzbrief-Nothilfe: Tel. 00 43/(0)1/251 20 00

Touring Club Schweiz
TCS Zentrale Hilfsstelle: Tel. 00 41/(0)224 17 22 20

Gesundheit

Ärztliche Beratung beim ADAC Auslands Informations Service: Tel. 089/76 76 77, Fax 089/76 76 36 77

Auf Syros gibt es ein **Krankenhaus** (*Nosokomío*, Tel. 22 81 08 23 40). Auch die kleineren Kykladeninseln verfügen über **Health Centers** mit Ärzten (*Yatrós*).

Apotheken (*Farmakeíon*) erkennt man an einem grünen Kreuz. Sie sind Mo, Mi und Sa 8.30–14.30 Uhr, Di, Do/Fr 8.30–13.30 und 17–20 Uhr geöffnet.

Diplomatische Vertretungen

Deutsche Botschaft, Karaoli & Dimitriou 3, 10675 Athen, Tel. 21 07 28 51 11, Fax 21 07 25 12 05, boathens@internet.gr, www.athen.diplo.de

Österreichische Botschaft, Leoforos Alexandras 26, 10683 Athen, Tel. 21 08 25 72 30, Fax 21 08 21 98 23

Schweizer Botschaft, Iassiou 2, 11521 Athen, Tel. 21 07 23 03 64-6, Fax 21 07 24 92 09

Besondere Verkehrsbestimmungen

Tempolimits in km/h: innerorts 50, Motorrad 40. Außerhalb geschlossener Ortschaften Pkw und Wohnmobil 90 bzw. 110 (Ausschilderung), Gespann 80, Motorrad 70. Auf Autobahnen Pkw und Wohnmobil 120, Gespann 80, Motorrad 90.

Promillegrenze: 0,5. Für Motorradfahrer und Personen, die ihren Führerschein noch keine zwei Jahre besitzen, gilt 0,2 Promille.

Folgende Bestimmungen weichen von den in Deutschland gültigen Regeln ab: Im Kreisverkehr haben grundsätzlich die einfahrenden Fahrzeuge Vorfahrt. Gelb markierte Straßenränder bedeuten Parkverbot, blau gebührenpflichtige, weiß gebührenfreie Parkzonen. Halteverbotsschilder mit einer senkrechten Linie gelten an ungeraden, mit zwei an geraden Tagen.

Zeit

Der Zeitunterschied zu Deutschland beträgt ganzjährig plus 1 Stunde.

Anreise

Auto

Umfangreiches **Informations- und Kartenmaterial** können Mitglieder des ADAC kostenlos bei den Geschäftsstellen oder unter Tel. 018 05/10 11 12 (0,14 €/Min.) anfordern.

Autoreisende sollten sich beim ADAC auch über evtl. Mautgebühren in den Transitländern erkundigen. Am einfachsten ist es, sich in einem der italienischen Adriahäfen wie z. B. Ancona oder Venedig nach Patras einzuschiffen.

Die Einfuhr von Kraftstoff in Kanistern, ihre Mitnahme auf Fährschiffen und das Auffüllen von Kanistern an Tankstellen sind verboten. Tankstellen, die auch nachts geöffnet sind, gibt es in Großstädten und entlang der Autobahnen und Nationalstraßen.

Bahn

Züge nach Griechenland fahren über Wien und Belgrad (Beograd). Die Fahrt dauert sehr lange, z. B. von München nach Athen etwa 38 Std.

Fahrplanauskunft

Deutschland
Deutsche Bahn, Tel. 118 61 (gebührenpflichtig), Tel. 08 00/150 70 90 (sprachgesteuert), www.bahn.de

Österreich
Österreichische Bundesbahn, Tel. 05 17 17, www.oebb.at

Schweiz
Schweizerische Bundesbahnen, Tel. 09 00 30 03 00, www.sbb.ch

Bus

Die Deutsche Touring GmbH fährt einmal wöchentlich von verschiedenen deutschen Städten nach Alexandroúpolis. In Brindisi (Italien) schiffen die Busse nach Igoumenitsa ein, die Überfahrt ist nicht im Fahrpreis enthalten. Es dauert ca. 48 Std., um per Bus von München nach Athen zu gelangen.

Deutsche Touring, Am Römerhof 17, 60486 Frankfurt/Main, Tel. 018 05/79 79 03 (0,14 €/Min.), Fax 069/790 32 19, www.deutsche-touring.com

Fähre

Fährverbindungen nach Griechenland bestehen von Venedig, Ancona, Brindisi und Bari aus. Die Schiffe gehen nach Igoumenitsa oder Patras (Peloponnes). Rechtzeitige Buchung wird dringend empfohlen. Weiter geht es dann per Fähre von Piräus oder Rafina zu den Kykladen [s. S. 134].

Infos zu Fährverbindungen und Preisen sind erhältlich bei der Griechischen Zentrale für Fremdenverkehr (GZF), beim

ADAC [beide s. S. 125] sowie direkt bei den Fährgesellschaften, z. B.:

Anek Lines, Generalvertretung Deutschland: Ikon Reiseagentur, Schwanthalerstr. 31, 80336 München, Tel. 089/550 10 41, Fax 089/59 84 25, www.anek.gr

Superfast Ferries, Herrenholz 10-12, 23556 Lübeck, Tel. 04 51/88 00 61 66, Fax 04 51/88 00 61 29, www.superfast.com

Flugzeug

Mehrere Fluggesellschaften bieten Linienflüge nach Athen.

Athens International Airport Eleftherios Venizelos, 19004 Spata, 27 km nordöstlich von Athen, Tel. 21 03 53 00 00, Fax 21 03 53 22 84, www.aia.gr

Wer mit dem Flugzeug auf die Kykladen weiterreisen will, kann z. B. mit Olympic Airlines (www.olympicairlines.gr) oder Aegean Airlines (www.aegeanair.com) die größeren Inseln anfliegen.

Bank, Post, Telefon

Bank

Öffnungszeiten: Banken (*Trápeza*) sind in der Regel Mo–Fr 8–14 Uhr geöffnet.

Post

Öffnungszeiten: Postämter (*Tachydromeía*) öffnen meist Mo–Fr 7.30–14 Uhr, in größeren Städten oft auch nachmittags.

Telefon

Internationale Vorwahlen
Griechenland 00 30
Deutschland 00 49
Österreich 00 43
Schweiz 00 41

In Griechenland sind die Ortsvorwahlen in die neuen zehnstelligen Teilnehmernummern integriert.

Weit verbreitet sind **Kartentelefone**. Die Telefonkarten sind an Kiosken, in Supermärkten und in Büros der Telefongesellschaft *Organismós Tilepikoinonión Elládos (OTE)* erhältlich. Die Benutzung handelsüblicher **Mobiltelefone** ist auf den Kykladen möglich.

Einkaufen

Öffnungszeiten: in der Regel Mo, Mi, Sa 8.30–15 Uhr, Di, Do/Fr 8.30–14 und 17.30–20.30 Uhr. Die Geschäftszeiten variieren aber zum Teil beträchtlich.

Souvenirs

Allenthalben wird die Spielkette **Kombolóia** mit Perlen aus Glas, Stein oder Plastik zum Kauf angeboten. Daneben gibt es zahlreiche **Tonfiguren** von altgriechischen Göttern in verschiedenen Größen bzw. die prähistorischen Vorbildern nachempfundenen **Kykladenidole**. Ganz allgemein ist die griechische **Keramik** von sehr guter Qualität. Nicht nur auf Sifnos, der ›Insel der Töpfer‹, laden Kunsthandwerker in ihre schönen Ateliers ein.

Sehr schön sind auch die farbenfrohen **Textilien**. In den Frauenklöstern und auf dem Land findet man Stickereien, Gehäkeltes und Gewebtes aus Wolle, Leinen oder Seide. Daneben werden solide verarbeitete **Lederwaren** (Taschen, Gürtel) angeboten.

Für exquisit-kostbaren **Schmuck** aus Gold und Silber ist Santorini bekannt. So genannte *Naxos-Augen* aus blauem Glas sollen gegen den bösen Blick und sonstiges Übel schützen.

Ikonen und andere Kunstgegenstände, die älter als 100 Jahre sind, dürfen nicht ausgeführt werden. Man kann hervorragende Kopien erstehen, sollte sich aber beim Kauf eine Bestätigung über das wahre Alter des Stückes für die Zollkontrolle ausstellen lassen. Weniger gewagt ist es, Tonträger mit griechischer **Folkloremusik**, z. B. von Altmeister Mikis Theodorakis, nach Hause zu bringen.

◁ *Kykladenidole für zu Hause – die kleinen Figürchen werden nach bronzezeitlichen Vorbildern gefertigt*

Die griechische Kochkunst ist bekannt für bodenständige Rezepte, die auf die Küche der Bauern und Hirten zurückgeht

Mehr als Gyros und Souvláki

Die griechische Küche steht nicht gerade in dem Ruf, Auserlesenes für Feinschmecker zu bieten, doch sie ist allenthalben beliebt. Die meist deftig-kräftigen Speisen lassen deutlich ihre auf Bauern und Hirten zurückgehenden Ursprünge erkennen. Bevorzugte Zutaten sind frisches Gemüse und Lammfleisch, aromatisch gewürzt. In **Salaten** und auf **Gegrilltem** darf z. B. Oregano nicht fehlen, auch Thymian, Rosmarin und Salbei sind unverzichtbar. Dazu kommen Lorbeerblätter, Zwiebeln und Knoblauch.

Das griechische Essen beginnt mit einer oder mehreren **Vorspeisen**, den Mesedes: *Tzatziki* (Joghurt mit gehackten Gurken und Knoblauch), *Skordalja* (Knoblauchcreme mit Öl und Kartoffeln), *Marides* (winzige gebratene Fische, die man mit Kopf und Gräten isst), *Taramosaláta* (Fischrogensalat) oder *Dolmadákia* (gefüllte Weinblätter). Solange das Wetter noch nicht zu heiß ist, werden auch sehr gerne **Suppen** serviert, etwa *Psarósoúpa* (Fischsuppe mit Zitrone und Ei), *Soúpa avgolémono* (Hühnersuppe mit Zitrone) oder *Magirítsa* (Lammsuppe), die traditionellerweise nur in der Osternacht gegessen wird.

Unter den **Fleischgerichten** bevorzugen die Griechen Lamm (*Arnáki*), das z. B. als *Brisóles*, gegrillte Koteletts, sehr gut schmeckt. Es gibt aber auch ein reiches Angebot an Gerichten mit Schweine- oder Rindfleisch, etwa *Biftéki* (Beefsteak), *Keftédes* (Hackfleischbällchen) oder *Souvláki* (Spieß vom Grill). Knusprig gegrilltes *Kotópoulo* (Huhn) schmeckt köstlich, ebenso *Kounéli* (Kaninchen), das oft auch für *Stifádo*, eine Art Gulasch, verwendet wird.

Erfrischend ist der bekannte **Bauernsalat** Choriatiki aus Tomaten, Gurken, Zwiebeln, Feta und Oliven. Ein **Omelett** mit Kartoffeln und Zwiebeln, die *Froutalia*, ist eine Spezialität auf Andros und Tinos. Nicht nur für Vegetarier geeignet sind knusprig gebackene *Pseftikefthedes*, Bratlinge aus Kichererbsen und Tomaten.

Psária, **Fisch**, kommt auf den Kykladen natürlich stets frisch auf den Tisch. Eine feine, aber meist teurere Speise ist *Barboúni* (Rote Barbe), daneben gibt es häufig *Tsipoúra* (Meerbrasse), *Glóssa* (Seezunge), *Kalamarákia* (Tintenfisch), *Oktapódi* (Oktopus) oder *M´yudia* (Muscheln).

Süßes steht bei vielen Griechen hoch im Kurs. Beliebte Leckereien sind die in Tinos und Syros hergestellten Mandeloblaten *Chalvadopites* oder *Loukoumades*, frittierte, mit Honig gesüßte Teigbällchen.

Essen und Trinken

Die Hauptmahlzeiten werden später eingenommen als in Mitteleuropa. Mittags setzt man sich erst zwischen 13 und 15 Uhr zu Tisch, abends nicht vor 20 Uhr.

Restaurants

Die Griechen kennen zahlreiche Bezeichnungen für verschiedene Restauranttypen. Allerdings verwischen die Unterschiede zwischen z. B. *Estiatório* und *Taverna* immer mehr.

Estiatório – hier isst man, verweilt aber nicht länger.

Tavérna – gemütliches Lokal für längere Aufenthalte. Es bietet Vorspeisen, Gebratenes, Fisch und Wein.

Psarotavérna – Fischrestaurant.

Psistariá – Gegrilltes und Kurzgebratenes wird hier serviert.

Pitseria – Pizza und schnelle Gerichte.

Kafeníon – Treffpunkt für Männer; gelegentlich werden kalte Kleinigkeiten zu essen angeboten, ansonsten Kaffee, Bier, Schnäpse und Erfrischungsgetränke.

Sacharoplastío – es gibt Süßigkeiten und Kuchen, oft auch Joghurt.

Ouzerí – zu Salaten und kleinen Speisen vom Grill wird Anisschnaps, *Ouzo*, gereicht.

Die meisten **Speisekarten** sind in griechisch und englisch abgefasst, sie geben aber nicht unbedingt Auskunft über tatsächlich Vorhandenes. Es kann vorkommen, dass neben einem Gericht zwei Preise stehen: der höhere ist der Endpreis, er schließt die Steuer mit ein.

Getränke

Der griechische **Kaffee** wird meist als Mokka aufgekocht und dampfend heiß in kleinen Tassen serviert. Man trinkt ihn *sketo*, ohne Zucker, *metrio*, mittelsüß, oder *poli glyko*, sehr süß. Wer große Tassen vorzieht, erhält löslichen Kaffee, auch gekühlt als *Neskaffee frappée*.

Süße **Erfrischungsgetränke** und kohlensäurehaltige **Mineralwasser** sind selbst in kleinsten Dörfern zu haben. In ganz Griechenland wird Mineralwasser der Marke *Sariza* getrunken, das auf Andros von der Quelle abgefüllt wird.

Seit den Tagen des Bayern Otto von Wittelsbach brauen die Griechen wohlschmeckendes **Bier**, z. B. das einheimische *Mythos* oder in Lizenz europäische Marken wie *Amstel* und *Heineken*.

Delikatessenladen mit den besten griechischen Weinen und anderen Spezialitäten

Auf den Inseln Paros, Naxos und Santorini gedeihen Trauben, aus denen man gehaltvollen und aromatischen **Wein** keltert. Die Winzer von Santorini formen aus den Reben runde Nester, damit Wind und Hitze das Laub und die Trauben nicht austrocknen. Eigentlich ist es auf den Kykladen nicht üblich, Wein als *Retsina* zu harzen, doch Ausnahmen bestätigen die Regel.

Unter den **Spirituosen** haben sich die *Metaxa*-Weinbrände international zu einem griechischen Markenzeichen entwickelt. An Schnäpsen werden neben dem bekannten *Ouzo* (aus Anis) auch *Raki* (aus Trester) und speziell auf Naxos *Kitron* (aus Zedratblättern) hergestellt.

Feste und Feiern

Feiertage

1. Januar (*Protochroniá*, Neujahrstag), 6. Januar (*Theofániá*, Dreikönigstag), Februar (Beginn der Fastenzeit mit dem *Katharí Deftéra*, dem Reinen Montag), 25. März (*Ethnikí Yortí Ikostís Pemptís Martíou*, Unabhängigkeitstag), März/April (Megáli *Paraskeví*, Karfreitag, und *Páscha Anástassi*, Ostern), April/Mai (*Pentikostí*, Pfingsten), 1. Mai (*Ergatikí Protomagiá*,

Tag der Arbeit), 15. August (*Koímissis tis Theotókou*, Mariä Entschlafung), 28. Oktober (*Epétios tou Óchi*, Gedenktag an die Ablehnung des italienischen Ultimatums 1940), 25./26. Dezember (*Christoúgenna*, Weihnachten).

Feste

Selbst in den kleinsten Dörfern werden *Panigíria*, Feste mit Prozessionen für Ortsheilige und Kirchenpatrone mit großem Aufwand gefeiert.

Januar

Neujahrstag und Agíos-Wassilios-Tag (1.1.): Anschneiden des traditionellen Kuchens *Wassilopitta*, in den eine Münze eingebacken ist. Wer sie findet, hat das ganze Jahr über Glück.

Tinos (30.1.): Feier der Entdeckung der *Marienikone*.

Februar

Naoussa auf Paros etc.: *Karneval*, bis zum *Katharí Deftéra*, dem Reinen Montag, sieben Wochen vor Ostern. Danach beginnt die *Fastenzeit*.

März

Tinos etc. (25.3.): *Nationalfeiertag*, *Evanglismós tis Theotókou*, Mariä Verkündigung.

Prachtvoll gekleidet – griechische Priester bei einer Prozession

April/Mai

Kykladen: *Ostern*, das wichtigste Fest der griechisch-orthodoxen Kirche, fällt auf den Sonntag, der dem ersten Vollmond nach Frühlingsanfang (21. März) folgt. Nach der *Osternacht* entzünden Gläubige Kerzen, Kinder brennen Knaller und Feuerwerk ab, darauf folgen Festessen und Umtrünke. Auf Mykonos wird vor der Kathedrale eine Puppe verbrannt, die den Winter (nach anderer Lesart Judas) darstellt.

Kykladen (23.4.): Der Tag des *Agios Jórgios*, des hl. Georg, wird volksfestartig gefeiert.

Mai

Kykladen (1.5.): *Tag der Arbeit*. Die Häuser werden mit Blumen geschmückt, und Familien unternehmen Ausflüge.

Santorini und Thirassia (5.5.): *Irini*, Fest der Inselpatronin Irene.

Juni

Kykladen (24.6.): *Johannisfest* mit offenen Feuern zur Sonnenwende.

Juli

Naxos (14.7.): Fest des Inselpatrons *Agios Nikodimos*.

Folegandros (27.7.): *Áno Meriá* zu Ehren des *Agios Panteleimon*.

August

Kykladen: 15.8.: *Koímissis tis Theotókou*, Mariä Entschlafung (Mariä Himmelfahrt), wird auf allen Inseln feierlich begangen, vor allem auf Folegandros, Ios, Naxos, Paros (Tanz schon am Vorabend am Hafen), Syros und Tinos.

Paros und Naxos (29.8.): In den Städten Naoussa (Paros) und Apiranthos (Naxos) finden bunte Feste für *Johannes den Täufer* statt.

September

Mykonos: Fest zur Traubenlese.

Kykladen: 8.9.: Feier zu *Mariä Geburt*, z.B. in Plaka auf Milos oder im Kalamiotissa-Kloster auf Anafi. Auf Kythnos *Wallfahrt* zur Panagia-Kirche in Kanala.

Dezember

Kykladen (24.–26.12.): *Weihnachten* mit abendlichem Umzug der Kinder und Kalanda-Singen (Gruppen gehen von Haus zu Haus und tragen Ständchen vor).

Hier kommt Ferienstimmung auf – ein Liegestuhl, ein Sonnenschirm und der Blick aufs Meer, was will man mehr?

Klima und Reisezeit

Das Mittelmeerklima beschert heiße Sommer und niederschlagsreiche, nicht allzu kühle Winter. Im Mai beginnt die eigentliche Urlaubszeit, die Kykladen sind dann überzogen mit Ginster, Glockenblumen, Mohnblüten und Margeriten. Ab Juni ist das Meer zum Baden warm genug. Die besten **Reisezeiten** sind **Mai** und **Juni** sowie der **Herbst**. Dann kann man sich am Strand vergnügen, die Temperaturen sind angenehm warm, aber nicht zu heiß, um Touren oder Besichtigungen zu unternehmen.

Im **Juli** und **August** geht es rund auf den Inseln, wo es trotz der Meltemi-Winde sehr heiß werden kann. Im **September** ist die Luft mild und das Meer noch warm. Allerdings liegt das Land nun trocken und braun da.

Klimadaten Kykladen

Monat	Luft (°C) min./max.	Wasser (°C)	Sonnen-std./Tag	Regen-tage
Januar	8/14	16	4	11
Februar	9/14	15	5	6
März	10/15	15	6	7
April	12/18	16	8	3
Mai	16/23	18	10	2
Juni	20/27	21	12	1
Juli	21/28	23	12	0
August	22/29	24	11	0
September	20/26	24	10	1
Oktober	16/22	22	8	4
November	14/19	19	6	6
Dezember	11/15	17	4	10

Kultur live

März

Paros: *Frühlingstheater* der Naoussa-Theatergruppe.

Mai

Ios: *Omeria* zu Ehren Homers, der angeblich auf Ios begraben wurde, stehen drei Tage lang Lesungen, Tanzaufführungen und Sportveranstaltungen auf dem Programm.

Mykonos und Andros: *Ausstellungen* moderner Kunst von Mai bis Oktober.

Juni

Paros: *Fischerfeste* in den Häfen bis in den September hinein, mit bunten Abenden, inszenierten Korsarenüberfällen etc., statt.

Juli

Kea und Milos: *Festival der Folklore* mit nationalen Tanzgruppen und traditioneller Musik.

Syros: *Ermoupoleia*, Volksmusikkonzerte, Kindertheater u. a.

Naxos: *Dionysia* mit folkloristischen Musik- und Tanzveranstaltungen, ergänzt durch Kunstausstellungen, Lesungen, Schattentheater und sportliche Wettkämpfe.

August

Kea: *Simonideia*, Kulturevents von Tanz bis Theater.

Santorini: *Internationales Musikfestival*, hauptsächlich mit klassischen Konzerten.

Museen und Kirchen

Im Haupttext zu den jeweiligen Inseln sind die wichtigsten **Museen** aufgeführt. In der Regel sind sie Mo sowie 1. und 6. Jan., 25. März., Ostersonntag, 1. Mai., 25./26. Sept. und 28. Okt. geschlossen.

Der überwiegende Teil der **Kirchen** und **Klöster** ist tgl. 8–12 Uhr geöffnet. Auch am späten Nachmittag ab ca. 17 Uhr sind die Gotteshäuser in der Regel wieder zugänglich.

Nachtleben

Während der Sommersaison locken einige Diskotheken in den touristischen Zentren von Mykonos und Santorini Nachtschwärmer an. Wer an der üblichen Abendgestaltung der Griechen teilhaben will, hat auf der *Platia* dazu Gelegenheit. An lauen Sommerabenden wird dort entlang des Strandes bis Mitternacht gegessen, getrunken, gespielt und musiziert. In so mancher Taverne greift man zur Gitarre, zwischen den zusammen geschobenen Tischen findet sich Platz für ein Tänzchen – nur plan- und voraussagbar ist das eben nicht.

Sport

An allen Küsten wird **Wassersport** großgeschrieben. Das Angebot – u. a. Wasserski, Tube Rides, Banana Boat – konzentriert sich auf die vielbesuchten Inseln wie Mykonos, Paros und Naxos. Manche Bucht wird allsommerlich zum Treff der Boote und Jachten, andere abgelegenere Buchten bleiben ausdauernden **Wanderern** vorbehalten.

Mountainbiking

Es ist sehr schön, die hügeligen bis bergigen Inseln mit dem Fahrrad zu erkunden – bei entsprechender Kondition. Drahtesel kann man mittlerweile allenthalben mieten, nicht immer aber die Ausrüstung wie Helm oder Gelenkschützer.

Segeln

Das wahre Glück in der Ägäis liegt auf den Segelschiffen – auch wenn um die Kykladen im August und September der Meltemi mitunter heftig weht. *Ports of Entry* sind u. a. Mykonos, Adamas auf Milos und Ermoupolis auf Syros. Auf allen größeren Inseln kann man Segelboote und Jachten (mit oder ohne Mannschaft) bzw. einzelne Kabinen chartern, in der Hochsaison empfiehlt sich allerdings rechtzeitige Buchung. Infos:

Cyclades Sailing, Parou 6, Syros, Tel. 22 81 08 25 01, Fax 22 81 08 25 26, www.cyclades-sailing.gr. Vermietung von Yachten mit und ohne Mannschaft.

Hellenic Sailing Federation, 51 Posidonos Avenue, Moshato, Tel. 21 09 40 48 25, Fax 21 09 40 48 29, www.eio.gr

Surfen

Die zahlreichen Surfschulen und Surfbrettverleiher deuten darauf hin, dass Surfen in den klaren Gewässern der Kykladen sehr beliebt ist. Ein Tipp für Könner ist wegen der hier auftretenden Windkanaleffekte die Meerenge zwischen Paros und Naxos, und auch der Ormos Panormos von Naxos bietet überdurchschnittlich gute Windverhältnisse. Infos:

Hellenic Windsurfing Association, 4 Fillelinon, Athen, Tel. 21 03 23 36 96, Fax 21 03 22 32 51

Tauchen und Schnorcheln

Während Schnorcheln in den einladenden Gewässern gang und gäbe ist, unterliegt das Tauchen mit Geräten einigen Einschränkungen – zu groß ist die Gefahr, dass archäologische Fundstücke beschädigt oder entwendet werden. Auf Mykonos, Paros und Santorini stehen mehrere Tauchbasen und Tauchschulen zur Auswahl. Infos: www.greeka.com

Wandern

Wandern wird als Urlaubsvergnügen auf den Kykladen immer beliebter. Ausgeschilderte Wege gibt es freilich kaum, und exakte Karten existieren fast nicht. Mit einem einheimischen Führer oder in einer organisierten Wandergruppe kann man einsame Bergtäler und wunderbare Felslandschaften entdecken sowie grandiose Ausblicke auf das Meer und die

Nachbarinseln genießen. Besonders empfehlenswert ist eine Tour durch das gebirgige **Amorgos**, wo man z.B. den inselhöchsten Berg besteigen oder zur stimmungsvollen Bucht von Aegiali wandern kann [s. S. 75].

Auf den Kykladen besteht übrigens das – wenn auch geringe – Risiko, von einer **Giftschlange** gebissen zu werden. Festes Schuhwerk und lange Hosen sind deshalb im Gelände sehr zu empfehlen.

Statistik

Lage: Zwischen dem Peloponnes und der türkischen Küste ragen die mehr als 200 Inseln der Kykladen aus der Ägäis. Im Tertiär wurde die damalige gebirgige Landmasse zwischen Balkan und Kleinasien vom Meer überflutet, ihre Täler wurden zu Buchten und Golfen, die Höhen zu den heute noch bestehenden Kykladeninseln.

Fläche und Bevölkerung: Zwei Dutzend der kargen, schwer zu bewirtschaftenden Inseln sind besiedelt, die Gesamtzahl der Einwohner beträgt etwa 94 000. Bei einer Landfläche von rund 2570 km^2 entspricht das einer Bevölkerungsdichte von 37 Einwohnern/km^2.

Religion: Griechisch-orthodox

Verwaltung: Griechenland ist seit 1975 eine parlamentarische Republik. Das Staatsgebiet ist in zehn Regionen eingeteilt, diese wiederum in Regierungsbezirke (*Nomoi*). Die Kykladen mit ihrer Hauptstadt Ermoupolis auf Syros bilden einen solchen *Nomos*, der zur Region Ägäische Inseln zählt.

Wirtschaft: Getreide und Oliven, zunehmend auch Obst, Gemüse und Wein sind die wichtigsten Produkte der Landwirtschaft, die lange Zeit Erwerbszweig Nummer 1 auf den Inseln war. Heute verspricht in den Monaten Mai bis September der Tourismus besseres Einkommen. Im Winter verlassen viele Einwohner ihre Inseln, um auf dem Festland, z.B. in Athen, befristet Arbeit zu suchen.

Unterkunft

Apartments und Villen

Auf den größeren Kykladeninseln steht ein gutes Angebot an Apartments und Villen zur Verfügung. Während der Hochsaison empfiehlt sich die rechtzeitige Vorausbuchung, z.B. über www.hotels.gr.

Camping

Wildes Zelten ist streng verboten und wird mit hohen Geldstrafen geahndet. Die zahlreichen **Campingplätze** auf den Kykladen sind meist nur während der Saison Mitte Mai bis September geöffnet. Man muss nicht unbedingt ein Zelt mitbringen, für Gäste mit Schlafsäcken sind auch Plätze unter Stoffbahnen oder Schilfmatten ausgewiesen. Eine Auswahl geprüfter Plätze stellt der jährlich erscheinende **ADAC Camping Caravaning Führer Südeuropa** (auch als CD-ROM) vor, der im Buchhandel oder bei den ADAC-Geschäftsstellen erhältlich ist (www.adac.de/campingfuehrer).

Hotels

Hotels werden in die Kategorien L (Luxus) sowie A, B und C eingeteilt. Dies entspricht in etwa der in den ›*Praktischen Hinweisen*‹ verwendeten Klassifikation von **** bis *. Reservieren kann man entweder direkt oder über:

Hellenic Chamber of Hotels,
Stadiou 24, Athen, Tel. 21 03 31 00 22,
Fax 21 03 22 54 49, www.grhotels.gr

Privatzimmer

Bei Ankunft der Fähre am Hafen trifft man auf viele Vermieter, die Zimmer in ihren Privathäusern anbieten. Dies ist in Griechenland durchaus üblich und eröffnet dem Urlauber neben Familienanschluss eine günstige Unterkunftsmöglichkeit.

Verkehrsmittel im Land

Bus

Die größeren Inseln sind bis ins kleinste Dorf hervorragend erschlossen. In der Hauptsaison sind auch die vielbesuchten Strände an das engmaschige Busnetz angeschlossen.

Fähre

So gut wie alle Kykladeninseln sind mit den Festlandshäfen Piräus und Rafina sowie untereinander durch Fähren mehrerer Schifffahrtsgesellschaften verbunden. Neben den Autofähren sind auch schnellere Tragflügel- und Luftkissenboote im

Einsatz, die aber bei stärkerem Seegang den Verkehr einstellen. Tickets müssen vorab bei den Agenturen am Hafen gekauft werden. Infos zu den Fahrplänen, die nicht immer eingehalten werden, erteilt auch jedes Hafenamt. Infos:

Blue Star Ferries, 3 Akti Possidonos, Piräus, Tel. 21 08 91 98 00, Fax 21 08 91 99 38, www.bluestarferries.com

Hellenic Seaways, Akti Kondili/2 Etolikou Street, Piräus, Tel. 21 04 19 90 00, Fax 21 04 11 79 00, www.hellenicseaways.gr

Flugzeug

Die Preise für Inlandsflüge sind in Griechenland moderat, allerdings fällt eine zusätzliche Flughafensteuer an. Von Athen fliegt Olympic Airlines mehrmals wöchentlich Milos, Mykonos, Naxos, Paros, Santorini und Syros an. Infos:

Olympic Airlines, Gutleutstraße 82, Frankfurt/Main, Tel. 069/97 06 70, www.olympic-airlines.de

Mietwagen

Für ADAC Mitglieder bietet die **ADAC-Autovermietung GmbH** günstige Bedingungen. Buchungen über die ADAC-Geschäftsstellen oder unter Tel. 018 05/31 81 81 (0,14 €/Min.). In allen Toursimuszentren kann man Autos mieten. Der Fahrer muss mindestens 21 Jahre alt sein und den Führerschein länger als 12 Monate besitzen. Neben lokalen Autoverleihern unterhalten auch alle internationalen Firmen Niederlassungen auf den Kykladen. Ein Preisvergleich lohnt sich. Bei Vertragsabschluss sollte man das Auto auf Funktionstüchtigkeit überprüfen. Besonders zuverlässige Anbieter:

Hermes/Auto-Europe Rent-Car, Andros, Gavrion, oberhalb vom Fähranleger, Tel. 22 82 07 24 40

Rent a Car or Bike Vidalis, Tinos-Stadt, Odos Alavonou, Tel. 22 83 02 34 00, Fax 22 83 02 59 95

Alamo Rent a Car, Mykonos-Stadt, am Flughafen, Tel. 22 89 02 75 02, Fax 22 89 02 71 96

Cyclades Rent a Car and Motorbikes, Paros, Parikia, Tel. 22 84 02 10 57, Naoussa, Tel. 22 84 05 32 69

Fun Car, Naxos Stadt, Tel. 22 85 02 60 84, Fax 22 85 02 65 57

Alamo Rent a Car, Santorini, Thira, Tel./Fax 22 86 02 39 60

Jacob's Rent a Car and Motorbike, Ios, Gialos, Tel. 22 86 09 10 47, Fax 22 86 09 20 97

Happy Ride, Milos, Adamas, Tel. 22 87 02 34 22, www.happy-ride.gr

Hier bekommt man Fahrkarten und vielleicht auch etwas zu trinken – originelles Fährbüro und Kafenion auf Amorgos

Sprachführer
Griechisch für die Reise

Das Wichtigste in Kürze

Ja / Nein	Nä / 'Ochi	Ναι / Όχι
Bitte / Danke	Paraka'lo / Efchari'sto	Παρακαλώ / Ευχαριστώ
Entschuldigung!	Si'gnomi	Συγνώμη!
Wie bitte?	O'riste	Ορίστε;
Ich verstehe Sie nicht.	δen sas katala'wäno	Δεν σας καταλαβαίνω.
Können Sie mir bitte helfen?	Bo'rite na me woi'θisete, paraka'lo	Μπορείτε να με βοηθήσετε, παρακαλώ;
Das gefällt mir (nicht).	A'fto (den) mu a'ressi	Αυτό (δεν) μου αρέσει.
Ich möchte …	'θelo …	Θέλω…
Haben Sie …?	'Echete …	Έχετε… ;
Wie viel kostet …?	'Posso kostisi …	Πόσο κοστίζει…;
Kann ich mit Kreditkarte bezahlen?	Bo'ro na pli'rosso me pistoti'ki 'karta	Μπορώ να πληρώσω με πιστωτική κάρτα;
Wie viel Uhr ist es?	Ti 'ora 'inä	Τι ώρα είναι;
Guten Morgen!	Kali'mera	Καλημέρα!
Guten Tag!	Kali'mera / 'Chärete	Καλημέρα! / Χαίρετε!
Guten Abend!	Kali'spera	Καλησπέρα!
Gute Nacht!	Kali'nichta	Καληνύχτα!
Hallo! / Grüß Dich!	Jassu	Γεια σου!
Wie ist Ihr Name, bitte?	Poss 'inä to 'ono'ma sas, paraka'lo	Πώς είναι το όνομά σας, Παρακαλώ;
Mein Name ist …	To'ono'ma mu 'inä …	Το όνομά μου είναι…

Wochentage

Montag	δe'ftera	Δευτέρα
Dienstag	'Triti	Τρίτη
Mittwoch	Te'tarti	Τετάρτη
Donnerstag	'Pempti	Πέμπτη
Freitag	Paraske'wi	Παρασκευή
Samstag	'Sawwato	Σάββατο
Sonntag	Kiria'ki	Κυριακή

Monate

Januar	Ianu'arios	Ιανουάριος
Februar	Fewru'arios	Φεβρουάριος
März	'Martios	Μάρτιος
April	A'prilios	Απρίλιος
Mai	'Maios	Μάϊος
Juni	'Iunios	Ιούνιος
Juli	'Iulios	Ιούλιος
August	'Awgustos	Αύγουστος
September	Se'ptemwrios	Σεπτέμβριος
Oktober	O'ktowrios	Οκτώβριος
November	No'emwrios	Νοέμβριος
Dezember	δe'kemwrios	Δεκέμβριος

Zahlen

0	mi'den	μηδέν
1	'ena	ένα
2	'Dio	δύο
3	'tria	τρία
4	'tessera	τέσσερα
5	'pente	πέντε
6	'exi	έξι
7	e'fta	επτά
8	o'chto	οκτώ
9	e'nnia	εννιά
10	'deka	δέκα
11	'enteka	έντεκα
12	'δodeka	δώδεκα
13	δeka'tria	δεκατρία
14	δeka'tessera	δεκατέσσερα
15	δeka'pente	δεκαπέντε
16	δeka'exi	δεκαέξι
17	δekae'fta	δεκαεφτά
18	δekao'chto	δεκαοχτώ
19	δekae'nnia	δεκαεννιά
20	'ikossi	είκοσι
21	ikossi'ena	εικοσιένα
22	ikossi'dio	εικοσιδύο
30	tri'anta	τριάντα
40	sa'ranta	σαράντα
50	pe'ninta	πενήντα
60	e'xinta	εξήντα
70	ewδo'minta	εβδομήντα
80	o'gδonta	ογδόντα
90	ene'ninta	ενενήντα
100	eka'to	εκατό
200	δia'kossia	διακόσια
1000	'chilia	χίλια
2000	'δio chili'ades	δύο χιλιάδες
10000	'δeka chili'ades	δέκα χιλιάδες
100000	eka'to chili'ades)	εκατό χιλιάδες
1/2	mi'sso	μισό
1/4	'ena 'tetarto	ένα τέταρτο

Wie geht es Ihnen?	Poss 'isste	Πώς είστε
Auf Wiedersehen!	A'dio	Αντίο!
Tschüs!	'Jassu	Γεια σου!
gestern / heute / morgen	Chtess / 'simera / 'awrio	Χτες / σήμερα / αύριο
am Vormittag / am Nachmittag	Pro messi'mwrias / me'ta messi'mwria	προ μεσημβρίας / μετά μεσημβρία
am Abend / in der Nacht	to 'wraδi / ti 'nichta	το βράδυ / τη νύχτα
um 1 Uhr / um 2 Uhr …	stiss 1 i 'ora / stiss 2 i 'ora …	στις 1 η ώρα / στις 2 η ώρα …
um Viertel vor (nach) …	pa'ra 'tetarto (kä) …	παρά τέταρτο (και) …
um … Uhr 30	stiss … 'ora kä 30	στις … ώρα κα ι30
Minute(n) / Stunde(n)	le'pto(a) / 'ora(es)	λεπτά / ώρα (ες)
Tag(e) /Woche(n)	i'mera(es) / ewδo'mada(es)	ημέρα (ες) / εβδομάδα (ες)
Monat(e) / Jahr(e)	'minas(es) / 'etos(i)	μήνας (ες) / έτος (η)

Unterwegs

Nord / Süd /West / Ost	Wo'rras/'Notos/'δissi/Anato'li	Βορράς / Νότος / Δύση / Ανατολή
geöffnet / geschlossen	ani'chto / kli'sto	ανοιχτό / κλειστό
geradeaus / links / rechts / zurück	ef'θia / ariste'ra / δexi'a / 'piso	ευθεία / αριστερά δεξιά / πίσω
nah / weit	ko'nta / makri'a	κοντά / μακριά
Wie weit ist …?	'Posso makri'a 'inä …	Πόσο μακριά είναι …;
Wo sind die Toiletten?	Pu 'inä i tua'letes	Πού είναι οι τουαλέτες;
Wo ist die (der) nächste …	Pu 'inä i(o) e'pomeni(os) …	Πού είναι η(ο) επόμενη (ος) …
Telefonzelle /	tilefoni'kos 'θalamos /	τηλεφωνικός θάλαμος /
Bank /	'trapesa /	τράπεζα /
Geldautomat /	a'ftomato chri'maton /	αυτόματο χρημάτων /
Post /	tachiδro'mio /	ταχυδρομείο /
Polizei?	astino'mia	αστυνομία;
Bitte, wo ist …	Paraka'lo pu 'inä …	Παρακαλώ πού είναι …
der Fährhafen /	to li'mani ton feri'bot /	το λιμάνι των φεριμποτ /
der Flughafen?	to aero'δromio	το αεροδρόμιο;
Wo finde ich …	Pu θa wro …	Πού θα βρω …
eine Bäckerei /	'enan 'furno /	έναν φούρνο /
ein Lebensmittelgeschäft /	'ena ka'tastima tro'fimon /	ένα κατάστημα τροφίμων /
den Markt?	tin ago'ra	την αγορά;
Ist das der Weg/ die Straße nach …?	'Inä af'tos o 'δromos / i o'dos ja …	Είναι αυτός ο δρόμος / η οδός για …;
Ich möchte mit …	'θelo na 'pao me …	Θέλω να πάω με …
dem Bus/	to leofo'rio /	το λεωφορείο /
der Fähre/	to feri'bot /	το φεριμπότ /
dem Flugzeug	to aero'plano	το αεροπλάνο
nach … fahren.	sto …	στο …
Wo ist …	Pu 'inä …	Πού είναι …
das Fremdenverkehrsamt /	i turisti'ki ipire'sia /	η τουριστική υπηρεσία /
ein Reisebüro?	'ena turisti'ko gra'fio	ένα τουριστικό γραφείο;
Ich suche eine Hotelunterkunft.	'Psachno δiamo'ni se xenodo'chio.	Ψάχνω διαμονή σε ξενοδοχείο.
Ich möchte eine Anzeige erstatten.	'θelo na ipo'walo 'minisi	Θέλω να υποβάλω μήνυση.
Man hat mir …	'Kapios mu 'eklepse …	Κάποιος μου έκλεψε …
Geld / die Tasche /	'chrimata / tin 'tsanta /	χρήματα / την τσάντα /
die Papiere / die Schlüssel /	ta charti'a / ta kliδi'a /	τα χαρτιά / τα κλειδιά /
den Fotoapparat /	tin fotografi'ki micha'ni /	την φωτογραφική μηχανή /
den Koffer gestohlen.	tin wa'litsa	την βαλίτσα.

Bank, Post Telefon

Ich möchte Geld wechseln.	'θelo na a'llaxo 'chrimata	Θέλω να αλλάξω χρήματα.
Brauchen Sie meinen Ausweis?	Chri'asesste tin ta'ftoti'ta mu	Χρειάζεστε την ταυτότητά μου;

Hinweise zur Aussprache

' die nachfolgende Silbe wird betont
δ wie englisches ›th‹ in ›the‹, mit der Zungenspitze hinter den Zähnen
θ wie englisches ›th‹ in ›thank‹, mit der Zungenspitze zwischen den Zähnen

Ich möchte eine Telefonverbindung nach …	θa 'iθela tilefoni'ki 'sinδesi gia …	Θα ήθελα τηλεφωνική σύνδεση για…
Haben Sie … Telefonkarten / Briefmarken?	'Echete … tile'kartes / gramma'tossima	Έχετε … τηλεκάρτες / γραμματόσημα;

Tankstelle

Wo ist die nächste Tankstelle?	Pu 'inä to e'pomeno pra'tirio kaf'simon	Που είναι το επόμενο πρατήριο καυσίμων;
Ich möchte … Liter … Super / Diesel / bleifrei / verbleit.	θa 'iθela … 'litra … 'super / 'disel / a'moliwδi / moliwδu'cha.	Θα ήθελα … λίτρα … σούπερ / ντίζελ / αμόλυβδη / μολυβδούχα.
Volltanken, bitte.	Ge'miste, paraka'lo	Γεμίστε, παρακαλώ.
Bitte prüfen Sie … den Reifendruck / den Ölstand / den Wasserstand / die Batterie.	Paraka'lo e'legxte … tin 'piesi stis 'rodes / tin 'stathmi la'dion / tin 'stathmi ne'ru / tin bata'ria	Παρακαλώ ελέγξτε … την πίεση στις ρόδες / την στάθμη λαδιών / την στάθμη νερού / την μπαταρία.

Panne

Ich habe eine Panne.	'Echo 'wlawi	Έχω βλάβη.
Der Motor startet nicht.	O kini'tiras δen a'nawi	Ο κινητήρας δεν ανάβει.
Ich habe kein Benzin.	Den 'echo ka'tholu we'nsini	Δεν έχω καθόλου βενζίνη.
Gibt es hier in der Nähe eine Werkstatt?	I'parchi e'δo ko'nta 'ena sine'rgio	Υπάρχει εδώ κοντά ένα συνεργείο;
Können Sie mein Auto abschleppen?	Bor'ite na rimoulk'isete to aftok'int'o mu?	Μπορείτε να ρυμουλκήσετε το αυτοκίνητό μου;
Können Sie mir einen Abschleppwagen schicken?	Bo'rite na mu 'stilete 'ena rimu'lko	Μπορείτε να μου στείλετε ένα ρυμουλκό ;
Können Sie den Wagen reparieren?	Bo'rite na epidio'rθosete to a'maxi	Μπορείτε να επιδιορθώσετε το αμάξι;
Bis wann?	'Mechri 'pote	Μέχρι πότε;
Ich möchte ein Auto mieten.	'θelo na eniki'aso 'ena afto'kinito	Θέλω να ενοικιάσω ένα αυτοκίνητο.
Was kostet die Miete … pro Tag / pro Woche / mit unbegrenzter km-Zahl / mit Kaskoversicherung / mit Kaution?	'Poso ko'stisi to e'nikio … tin i'mera / tin ewδo'mada / cho'ris periori'smo chilio'metron / me 'pliri a'sfalia / me e'ngiisi	Πόσο κοστίζει το ενοίκιο … την ημέρα / την εβδομάδα / χωρίς περιορισμό χιλιομέτρων / με πλήρη ασφάλεια / με εγγύηση;
Wo kann ich den Wagen zurückgeben?	Pu bo'ro na epi'strepso to a'maxi	Πού μπορώ να επιστρέψω Το αμάξι;

Unfall

Hilfe!	Wo'ithia	Βοήθεια!
Achtung! / Vorsicht!	Proso'chi	Προσοχή!
Rufen Sie bitte schnell … einen Krankenwagen / die Polizei / die Feuerwehr.	Fo'naxte paraka'lo 'grigora … 'ena nosokomia'ko / tin astino'mia / tin piroswesti'ki	Φωνάξτε παρακαλώ γρήγορα … ένα νοσοκομειακό / την Αστυνομία / την Πυροσβεστική.
Es war (nicht) meine Schuld.	(δen) 'eftäxa	(Δεν) έφταιξα.
Ich brauche die Angaben zu Ihrer Autoversicherung.	Chri'asomä ta stichia tis a'sfalias tu aftoki'nitu sas	Χρειάζομα τα στοιχεία της ασφάλειας του αυτοκινήτου σας.
Geben Sie mir bitte Ihren Namen und Ihre Adresse.	'δoste mu paraka'lo to 'ono'ma kä tin di'efθi'nsi sas	Δώστε μου παρακαλώ το όνομα και την διεύθυνσή σας.

Krankheit

Können Sie mir einen Arzt/Zahnarzt empfehlen?	Bo'rite na mu ipo'δixete 'enan ja'tro / oδo'ntiatro	Μπορείτε να μου υποδείξετε έναν γιατρό / οδοντίατρο;
Wann hat er Sprechstunde?	Pi'es 'ores 'dechetä asθe'nis	Ποιες ώρες δέχεται ασθενείς;
Wo ist die nächste Apotheke?	Pu 'inä to e'pomeno farma'kio	Πού είναι το επόμενο φαρμακείο;

Ich brauche ein Mittel gegen … Durchfall / Fieber / Insektenstiche / Kopfschmerzen/Verstopfung/ Zahnschmerzen.	Chri'asomä 'ena 'farmako gia … δi'aria / pire'to / 'tsimpima e'ntomu / pono'kefalo / δikili'otita / po'noδonto	Χρειάζομαι ένα φάρμακο για…. διάρροια / πυρετό / τσίμπημα εντόμου / πονοκέφαλο / δυσκοιλιότητα / πονόδοντο.

Im Hotel

Können Sie mir bitte ein Hotel empfehlen?	Bo'rite na mu si'stisete 'ena xenodo'chio	Μπορείτε να μου συστήσετε ένα ξενοδοχείο;
Ich habe bei Ihnen ein Zimmer reserviert.	'Echo 'klisi se sas 'ena δo'matio	Έχω κλείσει σε σας ένα δωμάτιο.
Haben Sie …	'Echete …	Έχετε …
ein Einzelzimmer /	'ena mo'noklino δo'matio /	ένα μονόκλινο δωμάτιο /
ein Doppelzimmer …	'ena 'δiklino δo'matio …	ένα δίκλινο δωμάτιο …
mit Dusche /	me dus /	με ντους /
mit Bad …	me 'banio …	με μπάνιο …
für eine Nacht /	ja 'mia 'nichta /	για μία νύχτα /
für eine Woche?	ja 'mia ewδo'mada	για μία εβδομάδα ;
Was kostet das Zimmer …	'Posso ko'stisi to do'matio …	Πόσο κοστίζει το δωμάτιο..
mit Frühstück /	me proi'no /	με πρωϊνό /
mit Halbpension?	me 'ena 'jewma	με ένα γεύμα;

Im Restaurant

Ich suche ein gutes / günstiges Restaurant.	'Psachno 'ena ka'lo / fti'no estia'torio	Ψάχνω ένα καλό / φτηνό εστιατόριο.
Herr Ober! / Kellner! / Bedienung!	'Kirie serwi'tore / Ga'rson	Κύριε σερβιτόρε! / γκαρσόν!
Die Speisekarte, bitte.	Paraka'lo ton ka'talogo fagi'ton	Παρακαλώ τον κατάλογο φαγητών.
Haben Sie vegetarische Gerichte?	'Echete fagi'ta ja fito'fagus	Έχετε φαγητά για φυτοφάγους;
Rechnung! / Bezahlen, bitte!	Ton logaria'smo / Na pli'rosso, paraka'lo	Τον λογαριασμό / Να πληρώσω, παρακαλώ!

Essen und Trinken

Baklava	Bakla'was	Μπακλαβάς
Bauernsalat	Cho'rjatiki sa'lata	Χωριάτικη σαλάτα
Bier	'Bira	Μπύρα
Brot / Brötchen	Pso'mi / pso'maki	Ψωμί / ψωμάκι
Butter	'Wutiro	Βούτυρο
Ei	Aw'go	Αυγό
Essig	'Xiδi	Ξύδι
Fisch	'Psari	Ψάρι
Flasche	Bu'kali	Μπουκάλι
Fleisch	'Kreas	Κρέας
gegrillt	psi'meno sti s'chara	Ψημένο στη σχάρα
Gemüse	Lachani'ka	Λαχανικά
Glas	Po'tiri	Ποτήρι
Huhn	Ko'topulo	Κοτόπουλο
Käse	Ti'ri	Τυρί
Kaffee	Ka'fes	Καφές
Knoblauch	'Skordo	Σκόρδο
Lamm	A'rni	Αρνί
Milchkaffee	Ka'fes me 'ghala	Καφές με γάλα
Mineralwasser (mit / ohne Kohlensäure)	Metalli'ko ne'ro (me / choris anθraki'ko)	Μεταλλικό νερό (με / χωρίς ανθρακικό)
Nachspeise	Epi'δorpio	Επιδόρπιο
Obst	'Fruta	Φρούτα
Öl	'Ladi	Λάδι
Pfeffer	Pi'peri	Πιπέρι
Salz	A'lati	Αλάτι
Tee	'Zai	Τσάϊ
Vorspeisen	Orekti'ka	Ορεκτικά
Wein	Kra'si	Κρασί
Zucker	'Sachari	Ζάχαρη

Register

O

P

R

S

Impressum

Redaktionsleitung: Dr. Dagmar Walden
Lektorat und Bildredaktion: Kirsten Winkler
Aktualisierung: Kirsten Winkler
Karten: Astrid Fischer-Leitl, München
Herstellung: Martina Baur
Druck, Bindung: Stürtz GmbH, Würzburg
Printed in Germany

Ansprechpartner für den Anzeigenverkauf:
Kommunalverlag GmbH & Co KG,
MediaCenterMünchen, Tel. 089/92 80 96-44

ISBN 978-3-89905-469-9

Gedruckt auf chlorfrei gebleichtem Papier

Neu bearbeitete Auflage 2008

Bildnachweis

Umschlag-Vorderseite: Herrliche Kulisse für den Sonnenuntergang – blauweiße Kirche von Firostefani auf Santorini
Foto: laif, Köln (Lucas Hapsis)

Titelseite
Oben: Lefkes auf Paros (Wh. von S. 57)
Mitte: Pangia Tourliani (Wh. von S. 46)
Unten: Sikinos (Wh. von S. 99)

AKG, Berlin: 12, 106 – edition VASCO, Bühnsdorf: 23, 28, 37, 46, 47, 55, 68 oben, 96 – Johannes Frangenberg, Solingen: 11-4, 41, 44, 53, 69, 102, 105 oben, 115, 130, 135 – Huber, Garmisch-Partenkirchen: 49 (Simeone) – laif, Köln: 6/7 (Voutsas), 7 unten, 11-3, 16/17 (Hapsis), 26 (Pizzocaro), 27 (Hapsis), 29 (Voutsas), 33 (Hapsis), 42 oben (Kirchgessner), 45 (Rodopoulos), 59 oben, 62, 65 Mitte, 68 unten (Hapsis), 72 (Voutsas), 77, 79 (Pizzocaro), 86 unten rechts, 89, 90/91, 92 (Hapsis), 93 (2) (Moustafellou), 94 (Hapsis), 97 (Voutsas), 99 unten (Moustafellou), 98 unten (Voutsas), 98/99 (Moustafellou), 110, 113 (Voutsas), 123 (Hapsis), 129 (Moustafellou) – LOOK, München: 84/85, 85, 87, 88, 124 Mitte (Werner) – Mauritius, Mittenwald: 84 oben, 124 oben links (Mattes) – Michael Neumann-Adrian, Feldafing: 101 – picture-alliance/Huber, Frankfurt: 7 oben (Kreder), 124 oben rechts (Simeone), 124 unten links (Simeone), 124 unten rechts (Schmid) – Süddeutscher Verlag, Bilderdienst, München: 14, 15 – Thomas Peter Widmann, Regensburg: 5 (2), 8 (2), 9 (2), 10 (4), 11-1, 11-2, 13, 19, 20, 22, 24, 30 (2), 32, 34, 34/35, 36, 38, 40, 43 (2), 51, 52, 54, 56 (2), 57, 58, 59 unten, 60/61, 64, 65 oben und unten, 66, 67 (2), 70 (3), 73, 74, 75, 76 (2), 80, 86 oben (2), 86 unten links, 95, 104, 105 unten, 107, 108, 109, 112, 114 (2), 116, 117, 119, 120 (2), 121, 122, 126, 128, 132